·河南省高等学校人文社会科学重点研究基地资助
·北京市博士后工作经费资助
·中原工学院学术专著出版基金资助

会展经济与航空经济协同发展的探索

柴金艳/著

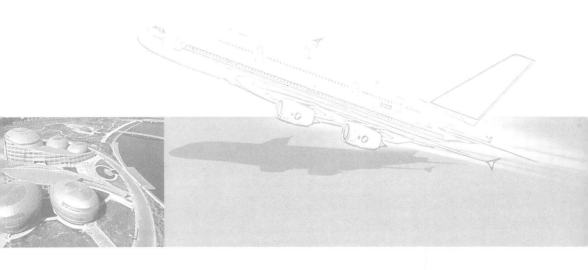

中国社会科学出版社

图书在版编目（CIP）数据

会展经济与航空经济协同发展的探索／柴金艳著 . —北京：中国社会科学
出版社，2015. 11

ISBN 978 - 7 - 5161 - 7310 - 7

Ⅰ. ①会…　Ⅱ. ①柴…　Ⅲ. ①展览会—服务经济—关系—航空运输—
运输经济—研究—中国　Ⅳ. ①G245②F562

中国版本图书馆 CIP 数据核字（2015）第 301029 号

出 版 人	赵剑英	
责任编辑	王　琪	
责任校对	张文池	
责任印制	王　超	

出　　版	中国社会科学出版社	
社　　址	北京鼓楼西大街甲 158 号	
邮　　编	100720	
网　　址	http://www.csspw.cn	
发 行 部	010 - 84083685	
门 市 部	010 - 84029450	
经　　销	新华书店及其他书店	

印刷装订	三河市君旺印务有限公司	
版　　次	2015 年 11 月第 1 版	
印　　次	2015 年 11 月第 1 次印刷	

开　　本	710 × 1000　1/16	
印　　张	14. 25	
插　　页	2	
字　　数	241 千字	
定　　价	55. 00 元	

前　言

　　经济全球化和全球经济一体化成为当今世界经济发展的主流。在此背景下，以增强经济流量为核心的临空经济逐步成为当今城市经济发展的新增长极。作为一种新兴的经济形态，临空经济在区域经济发展格局中的地位日益突出，越来越受到国内枢纽机场所在地区的重视。同时，会展业因其"绿色产业"、"无烟产业"的特质被誉为"城市面包"或城市经济发展的"助推器"。航空运输业在区域经济发展中的"新动力"和"增长极"作用日渐明显，亦成为经济发展的"发动机"。以会展业为核心的会展经济和以航空运输业为核心的临空经济，在理论上和实践中都表现出强大的带动作用和优化作用。一方面，会展经济由于其高增长性和强辐射能力，已经逐渐成为拉动国民经济发展的新增长点；另一方面，临空经济这种新兴的经济形态也已经得到飞速发展，成为国家和地区经济增长的"新引擎"和"发动机"。理论上，会展经济与临空经济的发展要素具有高度的近似性与融合度；实践中，会展经济与临空经济发展是城市发展和经济发展的双重需要。

　　临空经济在我国发展只有短短的十几年时间，临空经济实践超前于临空经济理论研究。从国内外实践来看，临空产业的高端定位对于区域产业结构优化具有巨大的促进作用。会展业作为现代服务业的重要一支，亦是临空经济的代表性产业。《中国临空经济发展报告（2014）》明确指出，会展业已经成为构建我国临空经济现代服务经济体系的七大产业之一。会展经济与临空经济协同发展已成为区域经济发展的新增长点，有利于产业结构优化升级，促进经济一体化进程，实现区域跨越式发展。

　　2013年3月7日，国务院正式批复了《郑州航空港经济综合实验区发展规划（2013—2025年）》（以下简称《规划》），郑州航空港区成为全国首个也是唯一一个上升为国家战略的航空港经济发展先行区。该《规划》提出，郑州航空港经济综合实验区的战略定位为国际航空物流中心、以航空经济为引领的现代产业基地、内陆地区对外开放重要门户、现代航空都市、中原经济区核心增长极。郑州航空港区是郑州航空经济综合实验区和郑州新区的重要组成部分，是国务院批复的全国首个上升为国家战略的航空港经济发展先行区。航空港的产业规划以空运偏好产业为重心，构建港区产业网络体系，会展业也涵盖其中。

与此同时，郑州作为中部会展产业带的中心及龙头城市，《郑州市会展业发展规划（2010—2020年）》明确指出，要将郑州建成中部会展之都和中国会展名城。恰逢郑州航空港经济蓬勃发展之时，会展业已成为郑州大枢纽背景下现代服务业发展的新突破口，会展业必将成为郑州航空港经济发展中的重要一极。

本书以"会展经济与航空经济协同发展的探索"为主题，以郑州为例，在会展经济与航空经济协同发展的理论框架下，借鉴国内外会展经济与航空经济协同发展的经验，探索郑州会展经济与航空经济协同发展的路径。本书内容共分为九章。第一章为绪论。第二章至第五章为基础理论研究，内容包括会展经济与航空经济协同发展的理论分析；会展业的临空化发展研究；航空经济的生态化发展研究；会展经济与航空经济协同发展机理研究等内容。第六章至第八章为经验与实践探索研究，以实证研究和案例研究相结合，探讨会展经济与航空经济协同发展的国际及国内经验；第九章探讨郑州临空会展业发展的相关问题。

本书从选题、收集资料、开展研究、编辑、出版，历经三年之余，集聚了河南省高等学校人文社会科学重点研究基地项目、北京市博士后基金项目、河南省教育厅人文社科项目以及中原工学院临空经济与产业升级协同创新中心项目等多方面的研究成果，自始至终得到了各方面领导、学者、专家和朋友们的大力支持！

感谢我的导师北京工业大学刘中良教授、穆献中教授，感谢北京工业大学的王焱老师，感谢中原工学院赵志泉教授、刘跃军教授、周纪昌教授、杨俊副教授，对于本书的研究及出版给予了许多宝贵的意见及建议。特别感谢北京工业大学罗之冰老师对于我在此研究期间给予的无私帮助与关心！

本书对国内外会展业发达的航空港区进行经济发展阶段、产业选择、经济发展模式的比较研究，数据资料的可得性是关键问题。在此，得到了中原工学院经济管理学院部分师生的极大帮助，感谢王蕾、曹璐璐、秦洪、寿怡君等老师的协助，感谢黄珍珍、姜琳、洪枫、张新卫、徐小芳、李雪丽、康岩、王永利、牛凯、艾靖华、徐赵亚、宋晓慧、马万秀、苏文静、谷兴华等同学对于资料的收集及整理所付出的辛苦与努力。

感谢我的家人，感谢所有给予过我无私帮助的师长友人，正是你们的支持与帮助，才能促使本书得以完稿并出版。

随着写作接近尾声，本人感慨良多。回想当初之选题，来源于实践中，发现会展经济发达国家及会展业发达城市同时拥有的先进航空运输体系，以及许多会展经济发达地区同时具有比较成熟的临空经济。以此为线索，本人进行了初步探索，并得到导师及同仁的鼓励，最早以"会展业与郑州航空港经济协同发展探索"为题申报专著基金，获得北京市博士后基金资助以及河南省高等学校人文社会科学重点研究基地资助，切身体会到专家对于晚辈的扶携与宽容。然而随着研究的深入，本人深感此课题的宏大绝非自己能够把控，然已开序，不得半途而废，不忍愧对诸多友人。这也是本书比预计延迟出版的原因。同时，也深深感谢我的博士生导师黄海峰教授，因为追随他出版过两部著作，自身能力得到极大地锻炼和提高，也为此书的完成奠定了良好的基础。

鉴于会展经济与临空经济分属于产业经济、区域经济的不同范畴，在概念的引用及比较中存在诸多混淆。随着研究的进行，查阅诸多专家学者的研究成果，特别是河南大学中原发展研究院耿明斋教授及其团队的《航空经济概论》，为本人的研究打开了思路。在听取专家建议及审慎思考后，引入了会展集群经济的概念，从理论范畴和理论体系上进行区分，将会展经济与航空经济相对应，会展集群经济与临空经济相对应，进行全书的协同发展研究。即便如此，本书仍然存在诸多不当之处，请各位同仁及读者海涵，由于本人才疏学浅，本书有诸多疏漏之处，恳请各位及时与本人取得联系，提出宝贵意见及建议，这也将是本人进一步研究的动力和方向。

目 录

第一章 绪论

曹允春在《临空经济——速度经济时代的增长空间》一书中提出：依托机场设施资源，通过航空运输行为或航空制造活动，利用机场的产业聚集效应，促使相关资本、信息、技术、人口等生产要素向机场周边地区集中，以机场为中心的经济空间形成了航空关联度不同的产业集群，这种新兴的区域经济形态称为临空经济（曹允春，2009）。

会展发达城市的经验告诉我们：并不是经济实力最强的城市会展业最发达。城市主要通过自然资源的开发和优势产业的集中，依托其资源优势、相关产业优势、区位优势、交通优势来发展会展业。航空运输的发展无疑为会展业的发展提供了有利的支撑，由此形成的会展经济与航空经济也产生了必然的联系，并在实践中表现出两种经济形态的协同发展。本书即是在此基础上形成的研究思路与研究体系。

第一节 研究背景及意义

当前国际展览业的产值约占全世界各国 GDP 总和的 1%，如果包括相关行业因会展所增加的产值，展览业对全球经济的贡献则达到 8% 的水平。会展业在带动相关产业发展的同时，其表现出的临空化发展趋势也日益明显。本书以会展业、航空运输业的发展为主线，探索以此形成的会展经济与航空经济的协同发展。

一 研究背景

会展经济是一种以会展业为发展核心，并以此来带动一个城市、地区乃至国家经济发展的综合经济活动。临空经济是一种新兴的区域经济形态，是指依托机场设施资源，通过航空运输行为或航空制造活动，利用机场的产业聚集效应，促使相关资本、信息、技术、人口等生产要素向机场周边地区集中，以机场为中心的经济空间形成航空关联度不同的产业集群。会展经济因其良好发展前景被称为"绿色产业"、"无烟产业"，同时在国际上又被誉为"城市面包"或城市经济发展的"助推器"。同时，随着全球经济一体化和国际产业转移的深化，机场已不再是传统意义上的机场，而成为全球生产和商业活动的重要节点，航空港及其周边地区作为临空经济区，已经成为区域经济发展的增长极和重要引擎，呈现出较强的发展趋势。临空经济成为经济发展水平、产业高度与运输方式在新工业革命时期实现均衡发展的一种新的经济形态。

20世纪90年代，随着我国五大航空公司的规模化和扩大化，我国的航空港也逐步发展成系统性规模。目前，我国航空港建设已经步入高速发展期，但是大多数临空经济区发展仍处于临空经济形成阶段，产业甄选、园区集聚、空间布局与所依托的港区、城市生态建设必须协同发展，才能实现可持续发展。空港区的临空产业布局特点及发展规律对我国建设空港经济区起着至关重要的作用，我国航空港区的发展是模仿国外成熟的空港经济区，还是结合自身特点进行创新，都是需要研究的课题。基于这些原因，本书试图在总结、梳理前人对会展业和临空经济发展的相关研究的基础上，从会展业与航空运输双向互动的角度入手，从区位理论、产业集群理论、产业结构优化理论、经济发展阶段理论、城市新区发展理论五个方面分析会展业与临空经济产生和发展的理论基础，结合国内外一些知名的分析案例展开综合研究，并结合郑州航空港经济综合实验区建设，提出郑州发展临空会展产业的战略建议。

二 研究意义

本书探索临空经济区域内产业、经济、环境的协同发展机制，以协同理论视角研究会展经济与航空经济的良性互动，将两种产业经济形式置于城市系统中进行研究，从理论上为会展经济及航空经济的发展开拓了一个全新的研究方向。本书研究有助：①填补会展经济与航空经济发展关系研究的理论空白，促进和深化会展经济与航空经济的理论研究；②确立会展业与临空经济区发展的科学定位，为临空会展业的发展提供理论指导和对策建议；③以会展业为基础确立临空产业链，提升城市产业水平，提高区域综合竞争力；④确立临空会展业的发展思路，更好地促进城市的国际化。

第二节　国内外研究概述

本节对会展经济、航空经济（临空经济）的研究成果进行汇总，梳理会展经济与航空经济各自的研究重点，能够看出两者对区域经济的支撑性，对会展经济、航空经济有一个更为全面和深入的认识，为全书的展开研究提供帮助。

一　会展经济研究概述

目前，国内外会展业界普遍认为：通过举办各种形式的会议、展览、展销，能够带来直接或间接经济效益和社会效益的一种经济现象和经济行为就叫作会展经济，也叫会展产业、会展市场。会展经济的发展可以给城市经济乃至整个社会国民经济都带来深远影响。本节根据国内外的相关文献从会展产业与相关产业的关系、会展的经济影响、会展管理和战略研究、会展业基本情况、区域会展业的发展情况、会展企业的经营管理、会展教育及人才培养7个方面进行了评述，为后续研究提供阶段性总结和参考。

（一）国外会展经济研究现状

国外会展经济起步早，国外学者对会展经济的研究也相对比较早，以德国为代表的会展强国的会展业已走入发展成熟期，并不断趋于信息化、品牌化、专业化、规模化和国际化。目前，国外学者对会展经济的研究较多集中于实证分析，具体的理论规范分析方面的文献相对较少。通过阅读和总结学者们关于会展经济研究的相关文献，可以从三个方面对国外学者的研究进行更好的理解，分别是：会展产业与相关产业研究、会展经济的影响研究、会展管理和战略研究。

1. 会展产业与相关产业研究

会展经济的一个重要特性就是其强大的产业关联性，带动相关产业的发展。Braun（1992）认为会展业行业关联度极大，他指出会展业发展直接影响住宿、餐饮、零售、娱乐、会员组织、交通、商务和社会服务、建筑和园林材料供应商、医疗服务、维修服务、博物馆、植物园和动物园等部门。Paul A. Hanly（2012）也认为发展会展经济可以带来可观的国家收入和外汇收入，带动包括酒店、餐饮、机械和设备的租赁服务、航空运输以及零售商场的发展等方面。Milton T. Aspen Doffer 和 James T. Abby 把饭店行业与会展业结合起来，探讨会议布展的各个层面的因素构成，其中最特别的是向那些目前从事饭店行业的人士提供鲜活的例证。Oppermann（1996）指出目前国际旅游业中最为兴旺的部门就包括会展业。总的来说，在会展产业与相关产业的研究这一块，国外学者相关的研究还是比较多的，涉及会展旅游、会展物流、房地产等各个行业。

2. 会展经济的影响研究

会展经济的影响主要体现在两个方面：分别是会展业的经济影响以及会展业的社会影响。国外在研究会展业发展的过程中，较为注重会展业的经济影响。Bohlmann 和 Tilley（2006）等学者基于经济影响分析结果，提出了南非举办 2010 年世界杯需要注意的问题。Bodggs 和 Wall（1985）、Gitelson 等（1988）、Yardley 等（1990）认为举办会展可以吸引外来人员，增加游客花费，提升城市形象，带动城市收益。Zwolak（1987）指出会展活动对消费结构和产业活动有很大影响。国外对会展经济影响的研究较具体，如 Braun 等（1992）指出会展活动的总体影响要远远大于会展活动本身，而且 Braun 还是第一位运用投入产出模型法测算会展经济影响的学者。关于会展的社会影响。Gursoy（2004）通过广泛的文献收集、对当地居民和游客抽样和问卷调查以及对参与城市管理和会展的关键人物进行半结构式的访谈，发现会展的举办有助于增强社会凝聚力，为当地社区创造社会奖励。Kima 和 Walker（2012）主要从增强社区自豪感、增强社区归属感、事件刺激、社区振奋以及致力于完善社区基础设施的自豪感五个方面对大型活动的非经济性影响进行了分析。

3. 会展管理和战略研究

关于会展管理和战略方面的研究可以包括会展绩效评估、会展人力资源管理、会展经济模式等各个细化方面。Pateli、Giaglis 和 Spinellis（2005）提到在现代展会中面对同类参与者，实施 Wireless Exhibition Guide 技术，对提高展会的信息化、便捷化意义重大，不过这项技术现在还未得到普遍应用。Cavanaugh（1976）提出了评估参展绩效的概念性架构，该架构考虑的因素包括获得目标顾客与取得采购讯息。Crouch 和 Louviere（2004）建立了会址选择过程的概念模型，提出会址选择过程的五个阶段，包括会展前计划、可选会址分析、会址决策、会展举行和会后评价。McCabe（2008）研究了会展人力资源管理，发现会展部门基本都是由受过良好教育的、职业流动的女性所主导。总之，通过阅读文献可以了解到，目前，国外特别是会展经济发达的国家，如德国，在会展管理和会展战略机制方面的研究是比较成熟的，但是在战略性规划方面仍然存在很大的完善和发展空间。

（二）国内会展经济研究现状

国内会展经济的研究起步较晚，从 20 世纪 80 年代至今，只有 30 多年时间，但是发展速度很快，年均增长速度达到 20%。我们以不同会展名词为主题在中国期刊全文数据库进行检索，通过对检索到的文章进行分析，可以归纳出目前国内学者对于会展经济的研究主要集中在 4 个方面：会展业基本情况、区域会展业的发展情况、会展企业的经营管理、会展教育及人才培养。通过对这些文献进行整理主要分为三类（见表 1—1）。

表 1—1　　国内会展经济相关著作、期刊论文及硕博论文研究情况

年份	优秀硕博论文		期刊论文		相关著作	
	2000—2005	2006—2014	2000—2005	2006—2014	2000—2005	2006—2014
论文数（篇）	54	86	1580	8590	54	120

1. 会展业基本情况

会展业基本情况问题主要从两个方面来研究：一是会展经济相关理论及作用影响。傅婧芳（2007）认为会展是一种人们在一定的时间和空间条件下围绕特定主题进行的集体性的物质文化交流活动。而会展经济则是以会展业为依托，通过举办各种形式的会议、展览或节事活动，拉动城市及其所在地区相关产业发展，带来巨大经济效益和社会效益的一种经济现象。施昌奎（2006）认为会展经济是市场经济的产物，市场经济越发达，会展经济也越繁荣。杨励、聂娜（2009）认为会展经济是一国或地区服务业趋于高端化后所产生的一种综合带动性很强的经济形态。二是我国会展业发展现状问题研究。陈锋仪（2011）认为 2007 年以来，中国会展业以年均增幅 20% 的速度高速发展，会展国际化、专业化趋势明显，这说明我国会展产业正处在产业提升阶段。方忠（2009）认为改革开放以来，我国的会展产业初步形成了华南地区以广州市、华东地区以上海市、华北地区以北京市为区域核心的会展产业带。同时，以大连、长春等为中心的东北地区会展产业带和以西安、成都等为中心的中西部地区会展产业带正在形成。

2. 区域会展业的发展情况

区域会展业的发展问题也主要从两个方面进行研究：一是我国各省市、不同地区会展业发展问题。付桦（2006）通过分析海外会展业发展实践，提炼出会展业布局的区位选择因素，应用其经验于长江三角洲，对比长江三角洲会展城市的发展现状，分析会展城市的空间格局和面临的机遇与挑战，预测长江三角洲会展业未来的空间格局走势并提出相关措施。林蔓（2006）从城市会展发展能力因素入手，探讨浙江省会展能力及提高能力方面的对策。叶莉（2007）分析了湖南会展与产业基础的互动关系以及互动关系上存在的问题，进而基于会展与产业基础互动关系探讨了湖南会展发展思路，为区域会展业发展问题提供了很好的借鉴。二是区域会展业与相关产业研究。曾武佳（2008）谈到现代会展已经成为区域合作与协调的重要方式，是实现新区域主义理念的有效途径和重要载体，这也是现代会展在新时期的新使命。李旭、马耀峰（2008）认为会展经济影响、会展地点选择、会展旅游者决策行为和会展目的地营销组织也就是会展旅游局是国外会展旅游研究的四大主题，表明会展业的发展要与旅游业密切关联。

3. 会展企业的经营管理

会展企业经营管理方面研究的视角相对较多，包括会展营销策略、会展经济发展模式、发展战略、会展品牌、会展产业链等。欧阳宇飞（2009）从资源配置效率的角度，提出了多元主体资源优势的三种会展模式，即政府主导、市场化与政府市场相结合。荆畅（2005）认为根据中国会展经济的发展状况和国际会展业的发展趋势，中国会展经济在未来的十年左右时间内的发展战略目标体系可以确定为三个阶段：规模化会展业的发展阶段，会展中心、展览集团化阶段与世界知名展会阶段。李晓宇（2008）从经济全球化的视角，分析了中国会展营销面临的问题，并提出我国会展营销五种创新策略。杨励、聂娜（2009）认为会展产业的关联性强，对于某一区域，如何结合产业结构优化调整，进行会展产业链的构建、评价是一项非常复杂的研究工作，也是在中国更好地实施会展产业的关键。陈锋仪（2011）提出充分借鉴他国会展经验，整合本国展会资源，加快会展业转型升级，集中优势力量着力培育一批层次高、规模大、影响深远、专业化强的会展品牌，不断提高品牌影响力，对中国来说也是意义重大的。

4. 会展教育及人才培养

国内关于会展教育及人才培养问题的研究主要涉及三个方面：一是对

国内外会展教育进行对比。金辉（2003）指出国际旅游院校会展教育同我国的差距主要在：国际会展教育的发展现状和特点是开设会展专业与课程的旅游院校快速增多、会展课程已成完整体系、会展教材全与更新速度快。二是指出国内会展教育发展的现状及存在的缺陷。吴建华（2002）阐述了会展理论教育与会展实践教育中存在三种误区，并提出了四种应对方式。三是关于会展人才培养问题方面的研究。陈婷（2014）就指出作为"中国十佳城市"之一的会展城市，南昌会展业的人才越来越匮乏。南昌高校众多，却没有一个高校开设了会展专业，且关于会展的培训机构也很少。徐林、乔向红（2009）认为会展经济的进一步发展要注重复合型人才的培养。陈锋仪（2009）提出我国会展教育应实施以职业教育为主体，以梯级会展人力资源建设为构架的新思路。客观来说，中国会展经济发展起步晚，同发达国家相比有很大差距，会展教育及人才培养方面的文献以及教育培养模式的研究还比较缺乏。

（三）简要评述

作为现代社会重要的经济形式之一，会展经济是市场经济发展到一定阶段的产物，是流量经济，也是速度经济。具有便捷、集中（集经济、产业、商业、科技于一体）、经济的特点，而且具有强大的产业关联性，可以带来强大的经济聚集效应。

从国内学者研究文献来看，随着经济全球化的不断发展，会展经济的发展越来越引起国内学者的重视，但是同会展发达国家相比，我国的会展研究多集中在理论层次分析，但是没有形成一个完整、合理的理论体系，更加缺乏实证研究。主要是展望会展业的发展趋势，但是又对会展业的特征、类型等缺乏研究。从国外文献来看，国外学者的研究更注重实务分析，像会展经济的影响、会展经济的应用等，研究的范围广泛，研究的视角多，但是对会展带来的全面影响评估探究不足，缺乏战略性的规划。

结合前人的研究及实际情况分析，未来会展经济国际化、会展经济的竞争力、会展经济产业链建设、会展与其他产业互动融合以及会展经济和区域经济协调发展将会成为今后研究的重要趋势。特别是会展经济和区域经济的协调发展研究：利用会展经济产业关联特征，发挥其经济聚集效应，通过会展经济带来的商贸、交通运输、住宿、餐饮、购物、娱乐等经济消费链来组织建立一条包括房地产业、咨询业、宾馆业、餐饮业、交通业、商业、旅游业、广告业、信息产业等一体化的产业链。一方面，利用区域经济支撑会展经济的发展；另一方面，发挥会展经济的辐射力、影响力、吸引力带动区域经济发展。最终在展会周边地区发展为以会展指向产业为主、多种关联产业共同支撑的区域经济发展形态（见图1—1）。

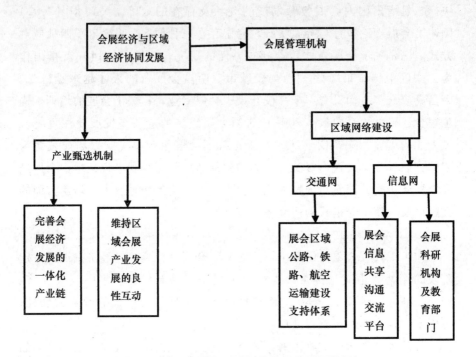

图1—1　会展经济与区域经济协同发展逻辑框架

二　临空经济研究概述[①]

1965年美国学者 Mckinley Conway 提出临空的概念，并于1970年提出航空城（或称空港城）的概念，1993年他又从新经济地理学视角对临空经济的形成进行了研究；Testa 认为机场的可达性对广告、法律、数据处理、会计审计以及公共关系等服务业产生了深深的吸引；Bowen 认为航空工业多数布置在机场邻近地区，尤其在枢纽型机场表现更加明显；此外，Gillen 和 Lall、Sarkis、Massoud 等使用定量方法对美国的部分机场的运行效率进行了评估，探明临空经济区对区域经济发展的带动作用。

---

① 此部分摘自作者发表的文章：《国内外临空经济研究综述及趋势展望》，《中原工学院学报》2014年第4期。

关于临空经济研究最为系统的是美国学者 Kasarda 及其团队。Lrwin 和 Kasarda 认为机场吸引了制造业和物流业，也对总部经济以及咨询业产生了强烈吸引。Kasarda 认为临空经济的发展结构模式应该是廊道加集群的航空大都市的空间结构发展形式，并提出航空城逐步发展成为航空大都市（Aerotropolis）的概念。Kasarda 及其团队对临空经济进行了广泛而深入的研究，提出航空大都市是城市新的规划模型，研究了商业对航空大都市发展的影响；分析了孟菲斯临空经济发展中政府的作用，指出机场的发展必须重视与周边地区的关系，并强调了对临空经济区的行政管理；他们还对香港国际机场与孟菲斯机场进行比较，提出航空城是一种前瞻性的商业城市经济模式，对未来的航空大都市进行了描绘，指出航空大都市是 21 世纪城市竞争力和商业流动性的标志。

国内临空经济的研究起步于 20 世纪 90 年代，相关概念主要有临空经济、航空经济、空港经济、临空产业、临空经济区、临空产业园、航空港、航空城等。分别以这些概念为篇名检索词进行检索，得到期刊文献有 400 余篇。以临空经济为篇名检索词的研究共 100 余篇，主要集中在 2006—2013 年以内（见表 1—2）。

表 1—2　　　　国内临空经济相关文献统计及概念辨析

主题	文献数量（篇）				概念范畴
	1999 年以前	2000—2005 年	2006—2013 年	合计	
临空经济	3	5	145	153	区域经济学范畴
航空经济	4	5	40	49	产业经济学范畴
空港经济	2	1	36	39	区域经济学范畴，比临空经济的内涵及外延窄
临空产业	2	4	34	40	与空港或航空运输有直接或间接联系的产业
临空经济区	1	1	58	60	机场、临空区及周边地区构成的多功能经济区域
临空产业园	2	1	28	31	临空产业聚集区
航空港	5	34	7	46	集旅客货物乘降、商务、会议、酒店等相关功能的"大机场"，或称空港城
航空城	17	4	35	56	依托于国际枢纽机场的综合性新城，航空大都市是其下一个发展阶段

注：根据中国知网公开发表的期刊（至 2013 年 12 月之前）统计所得。

随着实践的丰富和众多概念的提出，对于临空经济、临空经济区、临空产业的研究逐步丰富和深入。目前国内临空经济研究主要集中在三个领域：临空经济的概念及内涵、临空经济的发展模式、临空经济空间组织及区域影响。

（一）临空经济概念及内涵研究

刘武君、欧阳杰从分形理论视角对临空经济进行了解释；曹江涛从发展经济学视角对临空经济进行了解释；曹允春从新经济地理学视角对临空经济及其形成机理进行了研究；曹允春和沈丹阳进行了以空港为核心构建航空大都市的关键要素研究；并且曹允春对临空经济发展的关键要素、模式及演进机制进行了详细分析。目前，国内学者比较认同曹允春提出的临空经济概念，认为临空经济是一种新兴的区域经济形态。

（二）临空经济发展模式研究

我国专家和学者对临空经济的国外经验与发展模式进行总结，并依据国外的发展模式提出国内不同地区发展临空经济应借鉴的做法。刘雪妮将临空经济发展模式概括为枢纽经济模式、临空产业经济模式和环境经济模式；杨友孝提出临空经济发展具有渐进式、跳跃式、更新式和大型航空城式四种发展模式；周少华分别从产业角度、空间布局角度、扩展方式角度、主导形式角度将临空经济发展模式进行划分；施蕾生将国际临空经济（产业）园区的发展模式归纳为：临空关联型、临空附属型和临空服务型；曹允春等总结了国外临空经济的三种类型：综合枢纽导向型临空经济、航空制造业驱动型临空经济、区域资源导向型临空经济；葛春景和郝珍珍提出临空经济区产业集聚的三种模式：多种产业并进、集群化发展模式、以现代服务业为主导产业的发展模式和以航空产业为主导产业的发展模式；曹允春指出，"郑州模式"开启了区域经济发展新思路。

（三）临空经济空间组织及区域影响研究

临空经济区是临空经济的空间组织形式。刘雪妮以首都机场为例进行了针对临空经济区产业划分与选择方面的研究；白杨敏、曹允春和王婷婷指出临空经济核心要素包括机场、产业和空间三方面；方明、袁塑则侧重从临空经济区可持续发展能力角度进行分析；程程通过对国内外文献研究，从时间序列和研究方向两个角度，对临空经济区的相关理论和研究成果进行了综述。随着实践的深入，针对各区域临空经济发展的研究日益增多。国内学者除了针对青岛、郑州、重庆、浦东、武汉、长沙、贵阳、三亚、福州、呼和浩特、北京、太原等单个地区的临空经济发展进行了分析和对策研究，赵冰和曹允春对我国 26 个临空经济区的发展阶段进行了评价和识别研究，张凤岩等针对黑龙江省临空经济发展进行了系列研究。2013 年以来，针对郑州航空港经济综合实验区建设与发展进行的研究渐多，和伟对其发展进行了 SWOT 分析，仝新顺、郑秀峰对其发展提出政策建议，张占仓等针对其建设与发展进行了系列研究，指明了建设郑州国际航空港的历史趋势与战略方向，指出郑州航空港经济综合实验区为中原经济区带来了产业结构调整的战略机遇，对中国新型城镇化建设具有示范意义。

（四）简要评述

根据国内外文献研究，虽然国内外学者从多个视角对临空经济的内涵以及临空经济对区域经济的影响进行了大量分析，但缺乏对于临空经济发展的内在机理研究；在临空经济的发展模式方面，总结性、概括性研究居多，创新性研究较少，适合中国临空经济发展的独特模式研究缺失；分析方法的研究相对匮乏，加之数据收集困难导致相关的实证研究尤为不足；同时，在临空经济实践过程中，航空港（机场）建设的国际化、生态化、现代化趋势得到实际地重视与应用，但是生态论视角的临空经济研究滞后。未来，临空经济生态化、临空经济效应评价、临空经济区评价研究将成为理论研究和实践应用亟待解决的问题，研究将呈现出国际化、生态化、多学科化和微观定量化的趋势。

1. 国际化趋势 临空产业的国际指向性明显，临空经济对国际经济的依赖性增强，特别是航空大都市的建设和发展，更加速了临空经济的国际化过程，临空经济的研究必然趋向国际化。

2. 生态化趋势 区域经济发展与区域环境保护是理论研究的热点，作为新兴的区域经济形态，临空经济的发展要追求经济效益、社会效益和生态效益的统一，也要实现临空经济与经济环境的协同发展，临空经济生态化研究势在必行，这也是临空经济可持续发展必须解决好的关键问题。

3. 多学科化趋势 各相关理论，如产业经济学、管理学、技术经济学、环境经济学、地理经济学等知识加快向临空经济理论研究领域渗透，为临空经济与其他产业的融合研究、临空经济的管理模式创新研究、临空经济生态化研究等提供更多的视角与方法。

4. 微观定量化趋势 深入开展实证研究，探求临空经济影响的全面评估框架，量化临空产业（园区）的社会影响，对临空经济的影响进行全面评估，从规划、建设和发展的长远角度进行临空产业（园区）影响分析，测度临空产业（园区）的经济效应、社会效应、生态效益成为微观研究的方向。

第三节　相关概念界定

会展经济、临空经济的理论研究都是当前的研究热点，关于会展经济、临空经济的发展要素、形成条件、发展机制等方面的研究为本书奠定了基础。会展经济和航空经济属于产业经济学范畴，临空经济属于区域经济学的研究对象，本书引入会展集群经济的概念，并对临空经济、航空经济、会展经济、会展集群经济进行概念辨析，为界定和总结会展经济与航空经济协同发展奠定重要基础。临空经济近十年来才被我国学术界关注，相关概念主要有航空经济、航空港经济、临空产业、临空经济区、临空产业园、航空港、航空城等。曹允春就这些相似概念进行过剖析，本节对研究所涉及的临空经济、航空港经济、临空产业等研究对象进行的界定借用其观点。

一　临空经济

国内学者从分形理论视角、发展经济学视角、新经济地理学视角对临空经济进行了研究；对临空经济概念和内涵进行了解释。目前，国内学者比较认同曹允春的观点，认为依托机场设施资源，通过航空运输行为或航空制造活动，利用机场的产业聚集效应，促使相关资本、信息、技术、人口等生产要素向机场周边地区集中，以机场为中心的经济空间形成了航空关联度不同的产业集群，这种新兴的区域经济形态称为临空经济。

临空经济的发展对城市和区域经济增长的贡献，主要通过临空经济区内航空运输业及相关产业与关联产业间的前向联系、后向联系和侧向联系，发挥区域乘数效应带来区域就业或生产的增长。

曹允春（2013）归纳出临空经济发展的五种模式：航空运输驱动模式、航空制造驱动模式、航空物流驱动模式、航空关联产业驱动模式、通用航空驱动模式。肖李春从另外角度总结了五种模式：航空城发展模式、机场自由区发展模式、机场商务区发展模式、航空物流发展模式和机场工业园区发展模式。

借鉴以上模式，本书研究临空经济生态化发展模式，运用循环经济的理念，针对五种模式的核心要素——机场、工业园、物流园、服务方式、消费模式进行深入研究，从理论上分清不同驱动模式的临空经济生态化发展的主导因素及内在联系，区分临空经济生态化的不同模式。同时在分析临空经济现有模式的基础上，针对我国临空经济的特点、区位结构和发展现状，运用循环经济的理念，分阶段、分步骤、分区域设计闭合循环的临空经济区模式，以提升临空经济可持续发展能力。

二　航空经济

对于机场区域的经济形象不仅存在临空经济的说法，比较普遍的还有航空经济、航空港经济、航空城、空港城、航空大都市等。临空经济自身的扩展使得它的能量扩展范围和程度都持续增强，导致区域内的产业组成也在不断升级优化。该区域内基于航空运输作为中心地位构成了一体化的经济形态。有学者根据此区域内不同产业的发展情况以及其对区域经济所产生的作用效应将它划分成运输经济、临空产业集聚以及城市经济三个阶段①。可见，航空经济是初期的运输经济。

针对这些名词，曹允春亦进行了辨析，指出航空经济是以民用航空业为战略依托形成的经济发展形态，属于产业经济学范畴，没有特指某一个区域；而临空经济属于区域经济学范畴。航空经济是以民用航空业为战略依托形成的经济发展形态，是与陆地经济和海洋经济相对应的概念。并且临空经济是航空经济发展的结果，是航空经济在机场周边的空间投影，是航空经济最突出的表现形式②。

耿明斋认为，航空经济是由效率引领、由技术进步推动、伴随深刻的结构演化、高度依赖航空运输、具有区域特点、代表未来发展方向的新型经济形态。这一概念界定既包含了由效率和技术进步推动的经济组织形态的深层次演化过程，又包含了企业和产业组织形式、城市形态、区域经济形态、生

---

① Wen Yu Zhang, Lu Ren, Yan Bo Xia, Rong Tao, Xiu Wang. *Research on Airport Economy and Airport Logistics Development Based on Multiple Technology Fusion. Advanced Materials Research*，2013（2），pp. 117 – 123.

② 曹允春:《临空经济发展的关键要素、模式及演进机制分析》，《城市观察》2013 年第 2 期。

产和生活方式等一系列结构特征，是对临空经济概念内涵的拓展和深化①。

由此可见，航空经济既涵盖产业经济的范畴，也具有区域经济的内容。本书研究的会展经济和航空经济，是在产业经济学范畴的研究。由于理论界对临空经济的研究成果更加丰富和深入，因此，在相关因素的分析及概念使用上，借助临空经济的相关研究成果为基础，开展会展经济与航空经济协同发展的理论分析（见图1—2）。

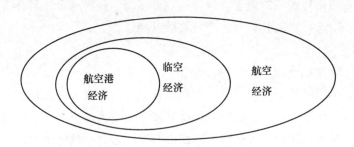

图1—2　航空港经济、临空经济与航空经济的关系

三　会展经济

会展业发展到一定的历史阶段，就会演化成一种新型的经济形态——会展经济②。会展经济通过举办大型会议、展览活动，带来源源不断的商流、物流、人流、资金流、信息流、技术流，直接推动商贸、旅游的发展，不断创造商机，吸引投资，进而拉动其他产业的发展，并形成一个以会展活动为核心的经济群体③。

何宁认为，会展经济是会议经济和展览经济的总称，是一条集商贸、交通、运输、宾馆、餐饮、购物、旅游、信息为一体的经营消费链。刘大可提出包括培训活动在内的"大会展"概念（IMBEST），而今，"大会展"涵盖了会议、展览、节庆、赛事、演艺、会奖、培训、（产业）观光、主题公园、公关活动、传播活动11项内容，这凸显了会展经济的强大效应。

① 赵水根、刘琼：《理论创新与典型案例分析》，载王国安等：《郑州航空港经济综合实验区发展报告（2015）》，社会科学文献出版社2015年版，第142—158页。

② 保健云、徐梅：《会展经济：一种蕴藏无限商机的新型经济》，西南财经大学出版社2000年版。

③ 邹树梁、王铁骊：《会展、会展业与会展经济的演进分析》，《湖南社会科学》2003年第4期。

四　会展集群经济

迈克尔·波特认为，产业集群（Industrial Cluster）是在某一特定领域内互相联系的、在地理位置上集中的公司和机构的柔性集聚。会展集群经济是会展资源集聚到一定程度，是会展产业集群发展的必然结果。会展集群经济是指城市内部为满足会展经济需要所形成的以展馆为核心，会展策划企业、酒店企业、休闲设施以及商店等集中分布在特定区域，形成的经济集聚。

会展集群经济与临空经济同属于区域经济的研究范畴，是会展经济与航空经济的协同发展在一定区域的表现形式。对于会展经济与航空经济协同发展的研究，本书借助临空经济、会展经济、产业集群的相关概念展开研究。

五　会展经济与航空经济的协同

协同学（synergetics）是德国科学家哈肯（H. Haken）提出的，其目的是建立一种用统一的观点去处理复杂系统的概念和方法。一个由大量子系统以复杂的方式相互作用所构成的复合系统。一个国家或地区的全部产业构成了一个产业系统，这个产业系统又可以按照不同的标准划分为若干个产业子系统。竞争与协同是自组织系统演化的动力，子系统之间的竞争使系统趋于非平衡，子系统之间的协同则在非平衡条件下使子系统中某些运动趋势得以联合并被放大，使该种趋势占据优势从而支配系统的演化[①]。

会展经济是不断发展变化的，当会展经济发展到一定阶段时，以原有展馆为核心集聚逐渐向城市外围扩散，而机场及其周边地区成为会展经济集聚的必然选择。会展经济与航空经济的协同发展，必然是经济发展到较高阶段的结果，或者说是会展集群经济与临空经济的协同。会展业、航空产业是会展经济、航空经济发展的核心产业，同时也都是联动性非常强的行业，对一个城市、地区乃至一个国家的经济都有着非常强的带动作用。会展业与航空运输业都能极大地影响商贸、旅游、物流、餐饮和酒店等相

---

① 綦良群、孙凯：《高新技术产业与传统产业协同发展机理研究》，《科学学与科学技术管理》2007 年第 1 期。

关产业的发展，具有强大的经济拉动效应。同时，会展业与航空运输业又有着天然的亲密联系，促进会展经济与航空经济具有协同发展的特性。

因此，本书研究会展经济与航空经济的协同发展，可以从两个层面展开：第一，理论层面，从区域经济学的视角，借助临空经济与会展集群经济的相关理论，分析两者在发展要素、发展目标、发展特征、发展结果等方面的协同特点。第二，实践层面，同时从区域经济学和产业经济学角度出发，研究会展业与航空运输业的协同发展关系。

第四节　本书的研究方法及内容

理论上，会展经济与航空经济发展要素具有高度的近似性与融合度，会展经济与航空经济发展具有强烈的协同作用；实践中，会展经济与航空经济协同发展已经在多个国家、许多现代城市发展中取得了成效。基于这个原因，本书试图在总结、梳理前人对会展经济和航空经济发展的相关研究的基础上，从会展业与航空运输业双向互动的角度入手，从区位理论、产业集群理论、产业链理论、经济发展阶段理论、城市新区发展理论、协同发展理论六个方面进行会展经济与航空经济协同发展的理论分析。同时，选取欧洲、美国、中国等区域会展业和航空运输发达的城市为研究对象，选择法兰克福、伦敦、新加坡、东京、亚特兰大、米兰、阿姆斯特丹、北京、上海、广州、香港等34个城市为重点研究对象，结合其会展经济与航空经济协同发展的经验，采取实证研究及案例研究，并结合郑州航空港经济综合实验区建设，提出郑州发展临空会展产业的战略建议，用于指导郑州航空港经济区的建设。

本书共分九章，前四章从阐述会展经济、航空经济、协同理论的相关内容入手，从理论角度分析会展经济与航空经济协同发展的合理性、可行性、必然性；第五章从多个方面挖掘会展经济与航空港经济协同发展的机理，探寻两者协同发展的基本条件、两者协同发展具有基本的要素基础、基于航空运输的良性互动关系、两者协同发展的动力机制、两者协同发展的互动模式，形成会展经济与航空港经济协同发展的理论研究及应用框架；第六章、第七章、第八章分别对世界会展业强国、会展业发达城市的经验和国内会展业发达城市会展经济与航空港经济协同发展的经验进行实证研究和案例研究，印证会展经济与航空港经济协同发展的必然性与可行性，从而整合归纳会展经济与航空港经济协同发展的规律性因素；第九章，结合郑州的会展业与航空港建设，分析郑州会展经济与航空经济协同发展的优势，提出郑州发展临空会展业的战略建议及主要任务。

第二章　会展经济与航空经济
协同发展的理论基础

　　经济全球化和全球经济一体化的深化，促成航空港及其周边地区形成临空经济区。临空经济已经成为区域经济发展的增长极和重要引擎。同时，会展经济也被誉为城市经济发展的"助推器"。实践中，会展经济与航空经济协同发展已经在许多国家及城市发展中取得了成效，会展业已经成为构建我国临空经济区现代服务经济体系的七大产业之一①。与丰富的实践经验相比，会展经济与航空经济两者协同发展的理论探讨却相对空白。本章通过对两者协同发展的理论分析，探明其协同发展的必要性、合理性与可行性。

第一节　理论依据

　　本节从工业区位理论、产业集群理论、产业链理论、经济发展阶段理论、城市新区发展理论和协同发展理论六个方面进行分析，为后续章节探明会展经济与航空经济的依托关系，会展业与临空产业优化的逻辑关系，会展集群经济与临空产业集群的辩证逻辑关系，会展经济与临空经济区生态化的内在逻辑关系，会展经济的载体与临空经济功能区选择的关系研究等奠定理论基础。

一　工业区位理论

　　区位一词源于德语的"Standort"。区位主要指某事物占有的场所，也

---

① 连玉明等：《中国临空经济发展现状与趋势分析》，《中国临空经济发展报告》，社会科学文献出版社 2014 年版，第 1—26 页。

有位置、分布、布局、位置关系等方面的含义。区位理论是研究人类经济行为在空间区位的选择及空间内优化组合的理论，其根本宗旨在于研究社会经济活动（客体）在空间中的分布、运动、关联等。由于区位理论限定于研究人类的经济活动，从这个意义上讲，区位是人类活动（人类行为）所占有的场所[1]。

1826 年，德国经济学家冯·杜能（J. H. V. Thunen）在《孤立国同农业和国民经济的关系》一书中就单一运输因素确定农业生产及经济空间的配置定向进行论述，首次提出了农业区位理论，主张依据运输、距离确定最佳的配置点，以城市为中心呈现同心圆分布的农业带理论[2]。20 世纪初，韦伯（A. Weber）提出了工业区位理论的基本思想，认为集聚节约额比运费指向或劳动费指向带来的生产费用节约额大时，便会产生集聚。1939 年，勒施（A. Losch）出版了《经济空间秩序》一书，从市场区位的概念出发，将一般均衡理论应用于空间，提出了以市场为中心的中心地系统——市场区位论，促进了区域经济理论的形成和发展。20 世纪 50 年代，区位理论获得迅速发展。1956 年，美国经济学家艾萨德（W. Isard）出版了《区位和空间经济》，之后又出版了《区域分析方法》，对区域总体均衡以及各种要素对区域总体均衡影响进行了细致地剖析[3]。

会展经济与航空经济都讲求区位因素最优化，而且二者对区位条件的诉求又极为接近。会展业主要讲究优越的自然环境、稳定的社会环境、开放的文化环境、活跃的政治环境、发达的科技水平、优越的地理位置等区位条件，而这些也正是航空经济形成、临空经济产生和发展的区位因素。从区位因素角度分析，二者协同发展可有效提高资源利用效率，二者互为发展、相互促动势在必行。

二 产业集群理论

产业集群对地区与国家经济发展的作用已经引起国内外学者和政府的不断关注，国内外学者对产业集群的概念界定、特征、分类、演进、理论等方面都进行了详尽的研究。1990 年，迈克尔·波特首先使用产业集群

---

① 李小建主编：《经济地理学》，高等教育出版社 1999 年版。
② 杜能：《孤立国同农业和国民经济的关系》，商务印书馆 1986 年版。
③ Isard W. *Location and Space - Economy*. M. Cambridge MIT Press, 1956, pp. 152 - 166.

（Industrial Cluster）一词进行集群现象的研究，并用产业集群的方法分析一个国家或地区的竞争优势①。随后，马歇尔、韦伯、克鲁格曼等人都从不同角度对产业集群理论的发展做出了重要贡献。同时，伴随着产业集群的发展，从全球价值链的视角对产业集群的升级、演变、创新集群等方面的研究也层出不穷。

借鉴波特对产业集群的界定：产业集群是指同一或相似产业领域的众多企业及相关机构在狭小地理空间内的集聚体。可见，产业集群是企业在空间地理上的集聚，其形成及发展中的地理因素至关重要。临空即为一个关键地理因素，临空产业集群的形成是临空经济发展到一定阶段的必然趋势和结果。与此同时，伴随着全球范围内的产业结构调整，新兴的生产性服务业集群蓬勃发展，会展业集群具备资源整合的先天性优势，其集群化发展受到关注及认同②。

波特认为，集群内部的主体主要包括生产型企业、知识型服务机构、高校或科研机构以及其他提供制度支持的公共机构；其内在联系方式以高频率的生产性和非生产性知识流动为主要特征。会展经济的核心产业——会展业，与航空经济的核心产业——航空运输业，同属于现代生产性服务业，既是临空产业的重要组成部分，也能够为临空经济的持续性发展提供支持。并且，会展产业集群涵盖于临空产业集群内部，同时支持会展经济与临空经济的联动发展。

三　产业链理论

产业链的思想源自亚当·斯密的经典分工理论，因此早期的产业链概念局限于制造企业的内部活动，注重企业自身资源的利用。赫希曼在其《经济发展战略》一书中从产业的前向联系和后向联系角度论述了产业链概念；Harrison 从价值网络的角度，指出产业链是采购原材料，将其转换为中间产品和成品，并将成品销售至用户的功能网链。国内学者杨公仆等人指出，所谓产业链，是指构成同一产业内所有具有连续追加价值关系的活动所构成的价值链关系③。

---

① 迈克尔·波特：《国家竞争优势》，华夏出版社 2002 年版。
② 王永刚：《集群化视角下的中国会展业资源整合》，上海财经大学出版社 2010 年版。
③ 杨公仆主编：《产业经济学》，复旦大学出版社 2005 年版。

基于产业链理论视角，会展经济是以会展产业链为基础形成的经济系统，航空经济是以民用航空业为战略依托形成的经济发展形态。会展业与航空运输业都是临空产业，临空产业是临空经济的核心要素。临空产业是指位于航空产业链和运输服务链之上，围绕机场而产生的相关产业[①]。临空产业集群的发展，离不开航空运输产业链、临空经济产业链、区域经济产业链的协同发展。产业链包含价值链、企业链和供需链三个维度，是一个集合概念，但是没有空间集聚性、根植性等特征。王永刚认为，产业链是基于产业活动的内在价值规律，客观形成的环环相扣、前后相连的产业关联系统。他据此提出了会展产业链（系统）的概念，认为广义的"会展产业链系统"不仅包含会展核心产业链，还集成了住宿业、餐饮业、物流业、通信业、金融业、咨询业等多个业态的配套服务链以及海关、消防、检验检疫、卫生等多部门的支持服务。由此可见，会展经济与航空经济在产业链条上具有共用、互通、相融的价值链、企业链和供需链，这也为会展经济与航空经济协同发展积累了内在动力。本书采用广义的产业链概念，产业链理论是后续章节开展研究的重要理论基础。

四 经济发展阶段理论

经济发展阶段理论把经济发展视为一系列新主导部门取代旧主导部门的动态演替过程。西方经济学者李斯特、H. 钱纳里等人从不同角度提出了不同的经济发展阶段划分标准，其中 H. 钱纳里的经济发展阶段理论比较具有代表性。钱纳里根据人均 GDP 将经济发展划分为传统社会、工业化初期、工业化中期、工业化后期、后工业化社会及现代社会 6 个阶段，并指出不同阶段的产业发展及结构特征不同。国内学者陆大道、蒋清海等人也根据中国实际对经济发展阶段理论做了大量探讨，其中蒋清海从产业结构、空间结构及总量水平三方面将经济发展阶段划分为传统经济发展阶段、工业化初期、全面工业化阶段、后工业化阶段[②]。

临空经济作为航空经济的发展结果，其形成与发展不仅与机场的发展密切关联，也需要依托城市和区域经济、社会等条件的支持。一般认为，

---

① 吴静：《航空运输与临空产业的关系研究——以长沙为例》，中南大学硕士学位论文，2010 年。

② 蒋清海：《中国区域经济分析》，重庆出版社 1990 年版。

临空经济是区域经济发展到了工业化加速时期才得以出现和发展的。同样的，会展业的发展以及会展经济的繁荣本身即是工业化后期的产物，会展集群经济的形成与发展也必然依赖工业化社会的高级化。运用经济发展阶段理论研究会展业在临空经济不同发展阶段的地位及作用，是为了探讨会展经济对临空经济发展的依托与影响，也有助于探讨会展集群经济与临空经济协同发展的研究。

五　城市新区发展理论

随着城市发展的需要，城市内涵式增长（又称旧城更新）和外延式扩张（又称新区开发）成为当今城市空间增长的两大主要态势。19 世纪以来，西方关于城市新区的研究包含田园城市（Garden City）、卫星城（Satellite City）、新城（New town）、边缘城市（Edge City）、广亩城市（Broadacre City）、郊区城市（Suburban City）等理念。其中，《不列颠百科全书》定义新区（新城）为：是把城市人口进行迁移，集中建设住宅、工厂以及文化中心，建成相对大城市独立的新社区，城市规划的重要形式①。

城市新区作为城市外延式空间增长的重要载体，其产生和发展与城市的经济、社会、文化乃至行政管理都息息相关。城市新区涉及空间、产业和功能定位三个方面的战略定位②。我国的城市新区建设溯源于 20 世纪 80 年代的经济特区和开发区建设，到 21 世纪大规模综合型城市新区持续开发，此间掀起了一次又一次的城市新区建设浪潮。目前，各个城市都在争相发展城市新区来提高其经济水平和整体形象。朱孟珏，周春山将国外城市新区发展归结为三个阶段：快速城市化阶段、郊区化阶段、逆城市化阶段，并就我国城市新区建设进行划分，提出起步建设阶段、重点建设阶段、"后开发区时代"的观点，还比较了国内外城市新区发展各阶段的研究重点。本书旨在充分借鉴国内外城市新区研究相关理论与实践的先进研究成果，利用相关成果对航空港经济区进行研究，对于新城区——航空港区的发展过程、区域的国际形象等问题提供理论与经验的支撑。

---

① Encyclopedia Britannica. *Encyclopedia Britannica Online Academic Edition.* Chicago：Encyclope-dia Britannica Inc，2013.

② 姜铭、雷仲敏、曲卉青：《我国城市新区发展建设的思考与探索》，《青岛科技大学学报》（社会科学版）2014 年第 30 期。

六　协同发展理论

协同论（Synergetics）是 20 世纪 70 年代以来在多学科研究——系统论、信息论、控制论、突变论等基础上，吸取了结构耗散理论的精华，采用统计学和动力学相结合的方法逐渐形成和发展起来的一门新兴学科，是系统科学的重要分支理论。

所谓协同发展，指的是两个或者两个以上的不同个体或者资源，互相协作并完成既定目标，实现双赢和共同发展的效果。协同发展理论的创立者是联邦德国斯图加特大学教授 H. Hake，其主要内容可以概括为三个方面：协同效应、伺服原理、自组织原理。协同发展具有多样性、公平性、合作共赢的特点，协同效应是由于协同作用而产生的结果，协同发展也就是合作开发，是共存共荣。

协同发展强调系统内的要素或者单元不摒弃差异化和独立性的同时，在平等、自愿的基础上开展分工与合作。协同理论的研究及应用，对于解决管理乃至社会和经济发展过程中大量出现的综合性、复杂性问题具有很强的现实意义，是指导本书就会展经济和航空经济协同发展研究的理论和思路基础。

综上所述，工业区位理论、产业集群理论、产业链理论、经济发展阶段理论、城市新区发展理论和协同发展理论各有精髓（见表 2—1），是本书研究的主要理论基础。协同理论是贯穿本书的指导思想，各理论在产业要素、产业集聚、产业链延伸及融合、航空港发展等方面对本书的研究起到了支撑作用。

表 2—1　　　　　　　　本书研究的主要理论基础

理论	代表人物	分析内容
工业区位理论	韦伯、劳恩哈特	通过运输、劳动力、集聚因素的相互作用的分析与计算，找出工业产品生产成本最低的点作为工业企业的最佳区位
产业集群理论	迈克尔·波特	通过产业集聚形成有效的市场竞争，构建出专业化生产要素优化集聚地促进产业结构优化和调整，分析了产业集聚带来的区域集聚效应、规模效应、外部效应和区域竞争力等问题
产业链理论	赫希曼	分析各产业部门之间的链条式关联关系，探讨产业的分工合作、互补互动、协调运行等问题

理论	代表人物	分析内容
经济发展阶段理论	李斯特、H.钱纳里	从历史角度研究各个时代经济发展的特征、方式、演进过程等规律
城市新区发展理论	霍华德、沙里宁、赖特	根据不同的社会经济发展环境，探讨新型城市发展理论。分析如何分散城市职能、改变布局，将大城市中心区的人口、工业等向新城区扩散等问题以及未来城市持续健康发展新方向
协同发展理论	哈肯	研究生态、经济、科技、教育、社会在内各个系统的大协调，以及各个系统间相互作用和发展的规律，同时可以产生"1+1＞2"的效应。分析协同发展带来的区域经济联系、信息交换、技术交流、生产要素流动等问题

第二节 会展经济与航空经济的共同特性

会展与航空运输活动的实施，都需要整个城市的其他配套设施的发展，这样就推动了其他产业的发展。会展业和航空运输业的发展要素高度契合，在实现资源共享的同时，也使得原有的产业链得以创新和延伸。这些都基于它们具有的共同特性，如表2—2所示。

表2—2　　　　　　　　　航空经济与会展经济的共同特性

特性	航空经济	会展经济
区位依赖性	航空经济以机场为核心，对机场具有极强的空间依附性。同时，不同类型的临空产业有选择的向不同类型的机场集聚。这就决定了航空经济具有明显的区位依赖性	会展经济以会展场馆为核心，对会展服务企业和公共资源的依附性强。展览业、会议业、会展旅游业对于资源的依托具有差异性，反映了会展经济具有明显的区位依赖性
临空指向性	航空经济的空间经济作用来自临空产业对航空运输的依赖性，机场是临空产业集聚的动力，是临空产业链形成的基础，是决定临空产业发展的关键性因素	会展经济的发展要素对于时间性、时效性的要求较高，对于航空运输的依赖性大，场馆是会展经济发展的关键因素，场馆的临空化，临空经济区内服务企业和公共资源的发展，是临空会展发展的关键因素
外向经济性	机场通过提供快速便捷的运输方式，提高了客商双方尤其是在远距离情况下的商业效率。临空经济以拓展国际市场为导向，以扩大出口为目的，积极参与国际竞争，具备外向型经济特征	会展是对外交流、整合营销的重要手段，会展经济是对外开放的重要平台和渠道，具备外向型经济特征。会展经济的发展依赖于会展业资源的整合。纵观全球会展业的发展模式，涉外会展、国际会展是会展业资源集聚和整合的最佳渠道

续表

特性	航空经济	会展经济
速度经济性	随着市场需求日益多样化和灵活化，企业愈发重视时间效益，航空运输恰好能够满足时间效益，临空经济区的企业产品通过快速流通，迅速登上市场，获得高额回报	展商和观众参与会展活动，希望能够以最便捷的交通连接和运输途径，降低运输成本和时间成本，保证展品安全、准时、可靠地运达，减少展品在运输过程中发生延误或损坏的可能性
流量经济性	流量是航空经济服务的对象，也是航空经济存在的市场。航空运输市场是以物流和客流为客体形成的市场，流量经济是航空经济发展和繁荣的必要条件，也是航空经济整合相关资源的基础和保障	会展经济不仅需要大量的人流、物流、信息流、资金流、技术流作为支撑，同时会展集群经济的发展还会产生反作用，更加促进人员、货物、信息、资金、技术在企业之间、区域之间的流动，产生更大的效应
知识经济性	航空经济本身就是知识经济的产物，同时，高附加值制造业、先进技术产业对航空运输具有较大的依赖性，由于人员、科技交流、产品运输都需要高质量、高速度的航空运输，所以容易被吸引到机场附近聚集，形成临空产业	会展经济是一个以会展活动为核心的经济群体经济，在群体之间存在巨大的知识存量和信息交换，也拥有获取知识和信息的多种渠道，知识和信息在交互过程中还会发生溢出，特别是会展经济与媒体经济、信息经济的结合，能够真正实现永不落幕的会展平台
服务经济性	航空经济以航空运输为核心，航空运输提供的是无形服务。同时，现代服务业是形成航空经济的主导产业，航空经济发展的最终形态就是依托航空和物流形成的条件，构建一个以现代服务产业为主体的经济发展模式	会展活动是由会展企业提供的一种社会化服务平台，会展业本身就是生产性服务业的重要一支，是提供以服务形式为生产资料的行业。会展经济强调通过相关企业的分工协作，实行"柔性"的运营方式来响应顾客需求
形象标志性	作为区域经济的增长极，航空经济的繁荣已经成为一个地区经济发展和城市发展的重要指标，而航空港本身就是该地区的一个标志性建筑。同时，航空经济必须以机场为依托，机场的等级及设施的先进性，机场及其周边地区的环境，机场与腹地的交通条件等方面决定了航空经济的发展空间，机场的国际化程度代表着它的国际影响力，这些都充分表明航空经济具有极强的形象标志性	会展经济的发展过程中，展馆等的建设会促进城市基础设施的完善，同时展会举办过程中会带动区域经济水平的提高、文化内涵的提升，展会在推广与宣传过程中也要求该地区的居民树立良好的行为形象，这些促使该地区的经济、文化、政治、环境等都有很好的发展，形成良好的形象。同时，会展场馆，尤其是大型的会展场馆往往是该地区的地标性建筑，具有明显的形象代表性

　　航空运输业和会展业既是会展经济与航空经济的核心产业，是会展经济与航空经济协同发展研究的重要内容和实证研究的主要数据基础。同时，航空运输业和会展业也是临空产业的主要类型。为了便于叙述，以下依据相关理论论证会展经济与航空经济协同发展的合理性、可行性、现实性、必然性，部分采用临空经济的相关说法。

第三节 两者协同发展的合理性

会展经济与航空经济都是现代产业发展到一定阶段所形成的经济形态，虽然会展经济属于产业经济范畴，航空经济既涵盖产业经济也属于区域经济范畴（本书采纳耿明斋的研究，认为临空经济包含于航空经济），但是从本质上讲，两者协同发展是知识经济和服务经济发展的必然选择，是速度经济、流量经济发展的必然结果，是发展城市经济和实现生态经济的必由之路。

一　服务经济的必由之路

从产业经济学角度看，会展经济与航空经济的发展要素具有高度的近似性与融合度，会展业是会展经济的核心产业，同时也是临空经济发展产业链上的重要产业。会展业是生产性服务业的重要一支；会展活动是由会展企业提供的一种社会化服务平台。实际上，航空经济发展的最终形态就是依托航空和物流形成的条件，构建一个以现代服务产业为主体的经济发展模式。在我国，以七大产业为重点逐步构建我国临空经济现代服务经济体系的态势已经萌芽；并且从全球临空经济区的发展可以发现，趋向成熟的临空经济区，无论先期是否以会展业为主导，都会随着临空经济的繁荣选择发展会展业。

二　知识经济的必然选择

无论是航空运输业还是航空运输的偏好性产业，抑或是航空运输的引致性产业，在临空经济区内，都能够借助知识经济的力量从资源密集型产业中解放出来，不仅大大减低了对资源和能源的消耗，也削弱了对地域和资金的依赖。如高科技制造业对航空运输有较高的依赖性，无论是其原材料、零部件的采购，还是其产成品的销售，都因其体积小、重量轻、附加值高、市场变化快等特点而几乎全部采用航空运输；同时，遍布各地甚至是全球的供应商、销售商和消费者恰恰更需要一个能够进行便捷沟通、及时交流、充分展示新技术、新材料的会展平台，这就促成了会展经济与航空经济的协同发展。

人类社会现正处于知识经济时代，会展经济呈现出明显的知识经济特征，特别是与媒体经济、信息经济的结合，不仅强化了会展经济的媒介整合功能，而且以绿色、智能、可持续为特征的自身发展规律得到了更好地体现，在信息化、数字化的浪潮席卷下，会展业充分利用互联网的特殊优势，能够真正实现永不落幕的会展平台。航空经济从运输经济发展到区域经济——临空经济，临空经济发展的最终形态是构建现代服务经济体系，同样是知识经济的体现，其中信息系统和互联网的建设及应用是基础、是支撑。会展经济和临空经济的发展都必然以科技、信息为基础，依靠知识运营的经济增长方式，摒弃粗放型的发展模式，是知识经济发展的必然结果。

三　速度经济的直接体现

速度经济作为一种管理思想和竞争理念，是由哈佛大学经济史学家小艾尔弗雷德·钱德勒正式提出的，他认为速度经济的本质是快速满足顾客需求，速度经济强调交易全过程的经济性，是整个供应链体系协调的结果。速度的经济性是与企业对物料、产品、资金、服务的高通过能力密切相关，是与流通的前向或后向各环节、各部门、相关企业的协调、监督质量密切相关的。因此，速度经济的前提是周密地调节流经公司的货物、资本、产品的流通。20 世纪 90 年代以来，许多学者和企业家都从不同角度阐述了速度经济，速度经济正在成为区域发展的外在加速器。航空经济的本质即速度经济，航空运输的空间收敛性[①]是航空经济的前提，同时也是速度经济性的直接体现。会展经济作为企业集聚展示的平台，其速度经济特性不言而喻。显然，航空经济与会展经济都是速度经济的直接体现，两者协同发展能够同时从速度经济中获益。

四　流量经济的必然结果

流量经济是指一个区域以相应的服务平台和条件，以区外的物资、资金、人才、技术、信息等为对象，吸引其向区内集聚，并使得各要素在该地区重组、整合、扩大和提升，进而带动各产业部门的发展。显然，会展经济与航空经济都具有明显的流量经济特征，会展业与航空运输业也同时

---

① 黄由蘅、钟小红、吴静：《临空经济发展探索——以长沙为例》，中国财富出版社 2013 年版，第 35 页。

具有明显的流量经济效应，能够吸引区外物流、资金流、人才流、技术流、信息流等对象向区内集聚、流动，在此过程中各种资源和流动对象通过有序、规范、高效的流动实现价值增值，通过循环不断的流量规模达到促进地区经济持续发展的目的。会展经济与航空经济的发展，在要素上具有高度的契合，能够通过各种资源要素的重组、提升来促进和带动区内相关产业的发展，并能够将形成、改变的经济能量、要素等向区外输出、辐射，无论从两者各自发展的角度还是协同发展层面来讲，流量经济是它们的内生动力，或者说会展经济与航空经济协同发展是流量经济发展的必然结果。

五 集聚经济的空间体现

会展经济表现为会展业与相关产业的联动，会展经济形成以会展业为核心的产业链甚至是产业链的集聚，链上每一个环节的企业与其上下游的企业都存在着合作关系，同时，每一个具体环节又都存在着大量的企业，形成横向的竞合关系。会展经济通过具有竞合关系的企业集聚进行资源整合，发挥竞争优势，使得会展产业实现网络化的产业集聚。

同样的，临空经济也具有集聚经济的特征。连玉明等人指出，临空经济发展有三个阶段：第一阶段是以运输产业为主的初期发展阶段；第二阶段是以临空产业为主的聚集发展阶段；第三阶段是以城市经济为主的功能完善阶段。空港具有突出的资源配置特性，不仅能够提供大量的技术和人才集聚，而且能够形成大量的需求集聚；并且航空是各类交通方式中最快的资源配置方式，在经济全球化的激烈竞争中，企业更倾向于聚集在机场地区，使得临空经济具有强烈的产业集聚效应。

会展经济与临空经济的发展，体现了多条产业链和产业群的融合与支撑，呈现出资源整合的协同性——集聚经济。

六 临空经济的成熟表现

临空经济以机场为中心的经济空间形成了航空关联度不同的产业集群，临空产业的遴选依据各产业对于临空经济的支撑、偏好和依附性程度，从而形成临空核心产业、临空偏好产业和临空引致产业。航空经济的核心产业——航空运输业也必然是临空经济的核心产业，从航空经济发展到临空经济的过程中，始终处于核心、关键地位，发挥着极强的支撑性作用；会展经济的核心产业——会展业，随着航空经济向临空经济的发展，产业类型不断丰富，产业结构优化升级，现代服务业体系不断完善，会展业的地位和作用在不断提高，尤其是会展集群经济的出现更加体现了临空经济的成熟度。

第四节 两者协同发展的可行性

通过对会展经济、航空经济协同发展的理论基础分析，表明会展经济与航空经济在发展要素、发展目标、发展特征、发展结果等方面具有明显的协同特点。

一 紧密的市场供求关系

会展经济与航空经济协同发展的核心产业基础是会展业与航空运输业。每一次会展活动的开展都有一个明确、相对固定的举办地，而参会者是分散的，并且会展活动的规模越大、影响越大，人员的分散性就会越大，这就需要把大量的、分散的人员和展品、物资集中起来，即会展客流和会展物流的畅通才能使展会顺利进行。也就是说，会展业对空间位移有所需求，即会展业是空间位移的需求者，需要运输业提供空间位移服务保障。由于会展活动的即时性特点，参展人员的空间位移对于航空运输的需求远远高于其他运输方式。由于会展物流对于时间性、便捷性的要求更高、更专业，展品运量相较于贸易货物少而精，越来越趋向于选择航空运输。因此，会展业是空间位移的需求方，而航空运输业是空间位移的供给方，由此构成的市场供求关系将两个产业紧紧联系在一起，也形成了会展经济与航空经济协同发展的核心纽带。

二 发展要素的高度契合

生产要素本身具有流动性，生产要素的流动既是经济发展的基础，又是经济发展的主要表现。曾国宁认为，生产要素可分为初级生产要素与高级生产要素，初级生产要素主要指天然资源；高级生产要素主要指交通、通信基础设施、人力、大学、研究机构等。交通优势、区位优势、科技支持、通信优势既是会展经济发展的条件，同时也是临空经济发展的要素。在经济全球化的背景下，会展经济和航空经济的辐射和影响远远超越城市的界限，都在于对高级生产要素的利用。

交通优势是会展经济、临空经济发展的必要条件和基本要素。会展经济和航空经济本质上都是流量经济，是人流、物流、商流、资金流、信息流、技术流等高端资源全球化配置的产物，便利的交通条件为实现核心资源的集聚、重组、融合与扩散提供了相应的平台。同时，航空运输为会展经济与航空经济协同发展提供了契合点，以此为支点进行资源整合，能够更有效地发挥会展经济与航空经济的带动效应、集聚效应、优化效应和辐射效应。

三　要素能量的协同效应

流量经济是会展经济发展的支撑，同时会展经济发展也将促进流量经济效应。但是，区位限制是制约会展经济发展的重要因素，使得一些城市不适合发展会展经济。而航空经济的发展又恰恰为会展经济带来了流量要素和速度要素。同时，由于交通枢纽具有不可流动性和垄断性，要素在交通枢纽地区的集中具有被动和结构单一的特点，由此所产生的能量很微弱，只有所在地区充分利用已有的要素流，吸引其他要素在该地区集中，形成多样化、具有协同效应的能量流才能带动经济快速发展。可见，航空经济的发展是具有协同效应的能量流发展的结果。而会展活动带动旅游、餐饮、酒店、周边产品开发与销售等相关产业的发展，普遍认为其带动系数为1∶9。会展经济的乘数效应能够起到充分利用已有要素和吸引其他要素的作用，其本身即具有协同发展效应。在服务设施、交通设施、酒店、餐饮、购物、娱乐、金融、货运、保险、房地产、通信设施等方面两者可以实现共享，使流量经济和速度经济的效益最大化。临空经济的发展是在该地区人均 GDP 达到 4000 美元以上时才能够形成。显然会展经济的发展能够极大化发挥要素能量的协同效应，为临空经济发展提供要素基础。

四　发展目标的一致性

会展经济被誉为"城市面包"，是城市经济发展的"助推器"，而临空经济也已经成为 21 世纪城市经济的主要支柱。会展经济和临空经济的发展都服务于城市经济的发展，并且遵循生态经济的要求。

城市经济是指由工业、商业等各种非农业经济部门聚集而成的地区经济。会展经济和临空经济的繁荣都以城市为载体和发展空间，依赖交通、资本、技术、劳动力、信息等高级生产要素在此高度集聚，会展产业和临空产业在此集聚发展，促进经济结构不断优化。会展经济与航空经济的协同发展推动城市和区域产业结构升级，促进城市和区域空间资源的优化配置，并提升城市的形象和地位。会展业作为现代服务业的重要组成部分，在实现经济目标、社会目标、生态目标建设方面发挥着积极的功能，构成会展经济的产业属于现代服务产业。临空产业更是注重对现代制造业和现代服务业的产业选择，它们对城市和区域经济发展的影响不仅体现在规模和数量上，更重要的是对结构和质量的优化。同时，作为新兴产业，会展业的发展必须追求经济效益、社会效益和生态效益的统一，实现会展经济与会展环境的协调发展。同样的，临空经济的发展已经开始摆脱产居分离模式，向新型航空城模式发展，从功能区建设、产业选择、空间布局等方面实现产居融合、港区一体。

会展经济和航空经济都具有很强的带动效应，大力发展会展经济和航空经济是大势所趋。随着我国近年来会展经济和临空经济的发展，会展经济与航空经济的联系越来越紧密，不能片面独立地发展其中一个，要注重协同发展，共同增长，充分发挥会展经济与航空经济对城市经济的带动效应。

第五节　两者协同发展的现实性

协同发展必然遵循多样性原则、公平竞争原则和合作竞争原则，达到协调合作、公平竞争、共同发展、共同繁荣的目的。会展经济与航空经济协同发展已经表现出了明显的特征，如会展场馆建设与机场选址分布趋同、航空运输量与会展场馆规模呈现正相关增长、会展经济与航空经济的发展程度都与该城市经济发达水平呈正相关关系。这也从另一个角度说明，会展经济与航空经济的协同发展在实践中是可行的。

一　会展业成为临空产业的主要类型

临空产业有三种类型，会展业是临空产业的一种类型。国际上，80%以上的国际枢纽机场的临空产业布局中选择了会展业，而我国的比例更高，已经形成的临空经济区和规划中的临空经济区都将会展业作为主导产业之一。《中国临空经济发展报告（2014）》对我国临空经济发展现状与趋势进行分析后，明确指出，以七大产业为重点逐步构建我国临空经济现代服务经济体系的态势已经萌芽，这七大产业分别是机场运输服务业、物流业、临空型高科技制造业、总部经济、航空制造业、科技研发和会展业。在这些布局中，一些城市将其布局在空港邻近区，还有一些布局在空港交通走廊地带。

二　会展业发展呈现临空化集聚趋势

会展发达城市的历史告诉我们：国内外会展发达城市都建有机场甚至是国际大型枢纽机场，同时这些城市的临空经济十分发达。从会展经济发展的基础设施——会展场馆的发展来看，会展场馆围绕机场周边建设成为趋势，临空经济区内新建会展场馆数量逐渐增加。这从一定程度上反映出会展业发展的临空化趋势。

国内外会展经济发达城市往往拥有大型甚至超大型国际机场，这也是临空经济发展的硬件基础。本书选取会展业发达城市的机场，并且具备临空经济区的发展条件和特征，以此为样本，调查临空经济区内的会展场馆。一些临空经济区的大型会展场馆设置在空港邻近区，还有一些设置在空港交通走廊地带，也能够从硬件角度说明会展经济与航空经济的协同发展（具体统计详见附件表1）。

三　民航运输企业与会展企业的协作共赢

民航运输速度快、航线直，在长距离的客运、货运中具有铁路、公路不可比拟的优越性；同时民航运输具有乘坐环境幽雅舒适、安全保险和市场定价灵活等显著优势。无论是参展者在所处地与展览举办地之间的移动，还是展览物品的物流往返，都必须借助方便快捷的交通运输来实现，因此方便快捷的民航运输改变了参展商和参展观众的参展意图、参展方式以及出行时间，成为参展者参加会展活动的首选交通方式。以欧洲为例，欧洲不仅是现代会展业的发源地，同时也是现今会展业最发达的地区。其中原因，除了其整体实力强、规模大、具有公认的先进会展设施、会展场地、丰富的行业经验、充足的会展人才以及丰富的人文自然景观外，更与欧洲四通八达的民航运输有着密切的联系。同时，欧洲、美洲的许多航空公司与众多展览场馆达成了合作协议，在出行线路设计、展位促销等方面展开合作，使得民航客运与会展关联性不断增强。因此，民航企业与会展企业之间已形成了一种相互促进、协作共赢的关系。

关于会展经济与航空经济协同发展的现实性研究，本书将在第六章、第七章、第八章进行详细论证。

第六节　两者协同发展的必然性

会展经济与航空经济具有互动效应，体现了知识经济与服务经济的协同发展；会展经济与航空经济的发展都受益于速度经济和流量经济的发展；会展经济趋于会展集群经济，航空经济最终形成临空经济，在此过程中，会展经济与航空经济同中存异、相生相长，两者协同发展能够成为区域经济发展的增长极，有利于区域产业结构的优化和区域形象的提升。

一　区域经济的增长极

航空枢纽作为一种特殊的资源，具有不可流动性和垄断性，因而要素在航空枢纽地区的集中具有被动和结构单一的特点，仅仅依靠航空枢纽所产生的能量也很微弱，只有所在地区充分利用已有的要素流，吸引其他要素在该地区集中，形成多样化、具有协同效应的能量流才能带动经济快速发展。航空经济的优势即是，促使人才、资金、技术、信息等各类生产要素在机场周边集聚，形成具有航空指向性的产业和产业集群。据国际机场协会的统计研究，大型国际机场（旅客吞吐量大于 1000 万人次），每年每 100 万旅客可以产生 1100—1600 个就业岗位；大中型机场（旅客吞吐量大于 500 万人次），每年每 100 万旅客能够产生 750—1100 个就业岗位；小型机场（旅客吞吐量小于 500 万人次），每年每 100 万旅客能够产生 350—750 个就业岗位；机场每增加 1 万吨货物，将创造 80 个工作岗位；每新增一班国际航班，可创造 1000 多个就业机会。同样的，会展业也是关联性极强、带动性极高的产业，不仅被称为 "1:9 产业"，而且会展场馆每增加 1000 平方米的展览面积能够为城市增加 100 个就业机会。

会展经济、航空经济都是典型的流量经济。而流量经济的形成，本身就是多种要素在流动过程中形成的协同效应。具有高度协同发展可行性的会展经济与航空经济，自身发展不仅能够带动相关配套产业发展，起到直接、间接经济效应，而且两者协同发展能够产生更大的乘数效应。这种效应很明显，周围的人力、物力、财力等都会集中于此，之后又会产生扩散效应，对周边地区具有强大的辐射能力。由此，会展经济与航空经济协同发展成为区域经济的增长极，极大地拉动和推动了区域经济的发展。

二　产业结构优化的"加速器"

临空经济的发展需要形成和繁荣一系列临空产业。这些临空产业，要么位于航空产业链和运输服务链的不同环节，要么极度依赖航空产业链和运输服务链，在这些临空产业各自发展的同时，不仅与航空产业链和运输服务链产生更加紧密的联系，还会对航空产业链和运输服务链提出更高的要求，从而促进航空产业链和运输服务链的优化和升级。

会展业与航空运输业有着天然的亲密联系，会展经济、航空经济都具有很强的产业关联性，其关联效应既能带动整条产业链的发展，又具有明显的辐射作用，对整体经济的带动作用呈现出多层次、高水准的特征。会展业与航空运输业分别是会展经济与航空经济的核心产业，同时它们作为第三产业，其发展无疑将加速当地第三产业的发展；会展业与航空运输业都属于现代服务业，加快培育和发展会展经济与航空经济能够提升产业层次、推动传统产业升级，促进当地的产业结构调整，有助于提升消费层次和结构。会展经济与航空经济协同发展的高级阶段，表现为会展集群经济与临空经济的协同发展，会展集群经济、临空经济的发展无论是在理论层面还是在实践方面，都有助于产业结构的优化与提升。因此，两者协同发展不仅能够更好地发挥强大的经济拉动效应，也是区域产业结构优化的"加速器"。

三　区域形象提升的关键

无论是会展经济还是航空经济的发展，都需要基础设施的支撑，配套的交通、酒店、餐饮、公共设施等的支持，才能有助于航空运输的开展、展会的顺利举办，港区发展会展业已经被理论界和实践界接受，这一点能够从各临空经济区的产业规划中得到印证。港区展会的举办除了能够带来巨大的宣传效应，带来实际的经济效应，还会反映出突出的社会效益，具体体现在城市的发展形象、行为形象，如在城市文化、经济发展水平、发展速度、创新能力、居民生活便利程度等方面都有积极的影响；而展会开展期间，无论是基础设施，还是公共服务等方面势必需要政府的支持；参展商和参展观众免不了和市民进行接触，而市民的行为、政府的作为反映出来的则是所在区域的整体形象。港区作为一个城市新区，影响着城市今后的发展方向，港区形象的提升既是会展经济与航空经济协同发展的要求，也是两者协同发展的结果。

本章小结

从理论角度分析，会展经济与航空经济协同发展具有合理性、可行性及必然性。会展经济与航空经济在发展条件、形成基础上存在同质性，两者都受益于速度经济和流量经济的发展，并在发展过程中逐步趋向于集聚经济，呈现出明显的经济增长乘数效应；会展经济与航空经济具有共同的发展目标，在生态经济的框架下运行并且为实现生态经济、发展城市经济提供支撑；会展经济与航空经济具有互动效应，体现了知识经济、信息经济与服务经济的协同发展。

会展经济与航空经济的发展要素相互影响、互相促进、协同发展成为区域经济发展的增长极。会展业已经成为临空产业的重要类型，越是处于成熟阶段的临空经济区，会展业越发达；同时，全球会展业呈现出明显的临空化集聚趋势。但是，两者协同发展的机理研究，协同发展的效应、运营等许多内容都有待深入研究。

第三章　航空经济的可持续发展

依托国际性航空枢纽而兴起的航空经济，是一种和陆地经济、海洋经济相并列的新型经济形态。航空经济发展的结果是临空经济，随着经济的发展和航空业的进步，许多国家和地区从战略高度上进一步认识到了大力推进临空经济发展的重要性。航空经济的可持续发展必然反映为航空经济的生态化。区域经济发展与区域环境保护既是理论研究的热点，也是航空经济生态化必须解决好的关键问题。本章以航空经济生态化为核心内容，研究航空经济的可持续发展。

第一节　相关概念

临空经济虽然近十年来才被我国学术界关注，但是相关概念十分丰富。本节对研究所涉及的临空经济区、临空产业、临空产业集聚、临空产业园等研究对象进行界定，为后续研究奠定基础。

一　临空经济区

1959 年，爱尔兰成立了香农国际航空港自由贸易区，形成临空经济区的早期形式，自由贸易区利用国外资金和原材料，大力发展出口加工业。到 20 世纪 90 年代，随着枢纽机场规模扩张、客货运量大幅增长以及航线网络在全球的扩展，逐步形成了一个以枢纽机场为核心的新的区域经济发展模式——临空经济区。

（一）概念及内涵

目前，国内外学者提出了包括机场区、临空经济区、空港经济区、航空城以及空港紧邻区和空港相邻区等一系列概念，不同学者的界定方式也不尽相同。

曹允春在《临空经济发展的关键要素——模式及演进机制分析》一文中指出，空港经济与临空经济内涵和外延差异不大，如果要说有差异，其微小差异主要在于涉及的空间范围稍有不同，空港经济主要研究空港紧邻区的经济活动运行规律；而临空经济涉及的范围更广阔些，包含机场及机场辐射区范围（曹允春，2013）。

临空经济区，是以航空运输为发展产业的新的经济模式区域，促使航空港相邻地区及空港走廊沿线地区的产业集聚，从而形成的多功能区域①。临空经济区具有自我组织发展能力，该区域有航空城的基础功能设施和一般航空产业的布局，包含三个层次的概念：①区域概念，也就是区位条件，空港区必须是中枢机场所在地，依托枢纽机场，要有一定的客源和货源；②产业概念，也就是临空产业，临空经济区发展的核心产业主要是空港服务业和航空航天业、新高技术产业以及相关服务业；③经济概念，即航空经济、临空经济，机场周边的区域经济和枢纽机场的客货量达到某种程度才可以形成临空经济区，航空经济向临空经济的发展是目标，临空经济区的形成是过程和结果。

（二）功能区划分

临空经济区往往具有特定的方位，通常选取机场为中心，顺着交通线路逐渐向外发散、辐射到一定的范围。由于临空经济区的特殊性，它又被形象地称为"航空城"、"航空都市区"、"航空港经济区"等。这表明，临空经济区也同传统城市一样，具有不同的功能，需要不同的功能区划分。临空经济区是以城市为着眼点构建的功能区，临空经济功能区形成产业分工、功能互补的局面，通过与腹地经济的协调发展，进一步吸引更高层次的要素自发地向本地区集中，并促使其形成相互作用、相互关联的有机整体，推动流量经济的形成和向周边地区扩散。城市的主要功能区划分为：商务区、工业区、商业区、住宅区、行政区和文化区。依据临空经济的生产、服务、居住等功能特征，在临空经济的发展过程中，其功能逐步完善，主要包括机场核心区、产业园区、物流园区、生活园区等不同的功能区，形成功能区区域组团，如临空工业区、临空农业区、临空服务区、临空旅游休闲区、临空居住区。

同时，临空经济区具有经济功能、创新功能、生态功能等新时期城市

---

① 周筱兰：《临空经济与地区发展的空间关系研究——以浦东机场周边地区为例》，《城市研究》2011年第4期。

的主要功能，更加强调作为城市重要功能区的协同发展特征。

（三）空间结构布局

1993 年，剑桥大学系统研究所提出"空港地区的四类开发空间"概念，即"空港区"、"邻空港区"、"空港交通走廊沿线高度可达地区"、"都会区内其他区位"。从国内外实践看，临空经济区大多集中在空港交通走廊沿线 20 分钟车程范围内，以空港为圆心或者轴心，形成圈层结构。国际上普遍认可，按照距离机场的远近，可以将机场周围的区域依次划分为空港区、紧邻空港区、空港相邻区、外围辐射区四个环形区域。

1. 空港区

空港区又称为机场核心区。通常是机场的所在地，在机场周边 1 千米范围内，包括机场的基础设施机构和直接与航空运输服务相关的产业，如飞机后勤服务、旅客服务（包括餐厅、商店、小汽车出租和地面交通）、航空货运、停车场以及政府机构。

2. 紧邻空港区

通常在机场周边 1—5 千米范围内，主要是空港的商业服务区，为空港运营、航空公司职员和旅客提供相关的商业服务，如公寓、大型超市、金融机构、生活服务设施等。

3. 空港相邻区

空港相邻区又称空港交通走廊沿线地区。通常在机场周边 5—10 千米范围内，或在空港交通走廊沿线 20 分钟车程范围内，利用机场的交通优势和口岸发展高时效性、高附加值的相关产业，如资金和技术密集性的高新技术产业以及物流业、旅游博览、办公会务等第三产业，主要布局空港工业园区、空港物流园区以及出口加工区等。

4. 外围辐射区

都会区内的其他区位。通常在机场周边 10—30 千米范围内。随着与中心机场距离的加大，中心机场对腹地的影响力逐渐收敛，直到消失。空港在这个区域内的影响力根据空港规模的大小，其范围稍有不同，超出这个边界，其经济活动不再受空港的影响，所以其产业布局也呈现多元化，既有外围辐射区原有的产业，也有受机场吸引从别处转移过来的产业，如休闲旅游度假产业、生态创汇农业等。

成熟的临空经济区一般呈圈层结构，圈层模式实现了资源在空间的优化配置，能够确保各种资源的使用效率最大化。在实际发展过程中，还存在扇形结构、点轴线形结构、双核双圈式结构、混合型结构等空间形态。

（四）主要发展阶段

纵观全球临空经济区的实践经验，临空经济区的形成和发展主要包括以下四个阶段。

1. 孕育阶段

在临空经济区形成之前，即空港区的形成阶段，机场或航空港的功能与区域经济表现相对比较弱。在临空经济区的萌芽阶段，往往表现出机场功能单一的特点。这个时期的机场主要是提供城市的交通功能，位置一般比较偏远，都在城市的郊区，机场规模较小、运输量也有限，管理和运营方面都依靠机场自身，机场周围分布了一些旅馆、饭馆等基础功能设施。临空经济区内的产业除机场服务业外，以航空枢纽指向性弱的传统制造业为主。

2. 初级阶段

随着社会经济的发展、机场综合能力的提高，机场的规模扩大、增加了客货运输量、开了多条航线，机场集聚效应和扩散效应显现。机场的功能发生了很大的演变，从普通的空港区变成了一个多功能的临空经济区域，机场周围区域最明显的变化是丰富了该区域的空间和增加了附加功能。机场地区也逐渐城市化，不再仅仅是交通枢纽，而是逐渐成为了拥有自我服务和管理的区域，形成了一个与周边区域初步融合并逐步成形的经济区。

3. 成长阶段

在迅速发展的航空港区，机场周围的航空交通网迅速扩张。随着客货源的增多、非航空服务功能数量的增加，机场的吸引力逐渐增强，出现了综合型功能的机场。在临空经济区的成长阶段，扩散机制发挥的作用逐步取代了集聚机制；在机场周边区域极其庞大的客货运流量的带领下，机场交通的发达和配套设施的完善，临空经济区内的高新技术产业的比重迅速上升，机场交通走廊沿线和汇合区域的新兴临空产业逐步占据主导地位。临空经济区通往城市与腹地的交通网络迅速形成。

4. 成熟阶段

在临空经济区的成熟阶段，主要产业转变为现代服务业和高新科技业，航空制造业和服务业的配合成为临空产业的集聚点，形成复合的枢纽机场功能和区域经济新的增长极。在集聚与扩散机制同时作用下，成熟的临空经济网络布局模式逐步形成，机场区内与服务相关的产业和休闲娱乐设施入驻，临空产业结构进一步完善。临空经济区迈入成熟阶段时期，临空经济区内出现了若干产业集群。同时，机场周围区域的产业发展使航空港区变得越来越城市化，机场的功能与所在城市的融合加强，机场周围由内到外类似城市发展的方式逐步形成了新的经济区。

二　临空产业

临空产业是临空经济的核心要素。不同临空经济区、同一临空经济区的不同发展阶段的产业选择也不尽相同。

（一）内涵

临空产业是指以航空运输为指向的相关产业，是指位于航空产业链和运输服务链之上，围绕机场而产生的相关产业。临空产业主要布局在以机场为核心，以机场的影响范围为界限的临空经济区范围内。临空产业作为临空经济区的核心支柱，涵盖的范围比较广泛，主要有包括综合服务业、运输业等在内的先导产业以及服务业、餐饮业、制造业、高新产业、物流配送等其他相关产业。随着临空经济研究和实践的深入，临空产业规划受到关注和重视，也出现了大量的临空产业集群。

（二）类型划分

临空产业不仅包含传统的航空运输业，而且包括高科技产业、现代服务业等高端产业。依据国际惯例，可将临空产业细分为航空运输业、物流产业、临空型高科技制造业、总部经济、航空制造业、科技研发、客服中心、会展服务业等。

1993 年，剑桥大学系统研究所按照在空港相邻地区吸引程度的分级将商业行为进行分类，把航空相关产业划分为"非常高度集中的产业"、"高度集中的产业"、"中等集中的产业"、"越来越集中的产业"四种类型（见表 3—1）。

经过十多年的实践发展，国际上逐步形成了如下几种临空产业发展类型的划分：黄由衡（2011）根据长沙临空经济形成期的产业布局，归纳了核心区、聚集区、辐射区三种类型；吴静（2010）按照对航空运输与机场资源的需求和利用程度，将临空产业分为航空核心产业、航空关联产业和航空引致产业[①]。程程（2012）以临空指向性差异为标准将临空产业划分三类：临空指向性最强的产业、临空指向性较强的产业、临空指向性

---

① 吴静：《航空运输与临空产业的关系研究——以长沙为例》，中南大学硕士学位论文，2010 年。

较弱的产业（见表3—2）。

表3—1 商业行为分类按照在空港相邻地区吸引程度分级

非常高度集中的产业		中等集中的产业	
航空运输服务、航空设备 光学仪器和镜片制造 通信器材制造 电气配送设备制造 货运代理		汽车租赁 印刷与出版 证券纸品制造 电子元件与附件制造 建筑业 公共汽车与出租车	建筑服务 旅馆/汽车旅馆 机动车停车 医疗器械制造与供应 汽车服务 特殊塑料部件制造
高度集中的产业		越来越集中的产业	
电子和电气设备制造 特殊化工制品制造 公共仓储 工具、量具与控制仪器制造 航空运输服务、邮政与送货服务 特殊构造金属制品 药物制品批发		旅行社 公共仓储 特殊机械 账务与相关业务 计算机数据处理业务	

资料来源：李晓江编译，《空港地区经济发展特征》，《国外城市规划》2001年第2期。

表3—2 以临空指向性差异为标准的临空产业划分

类型	主要特征	主要产业	主要影响
临空指向性最强的产业	直接服务于航空运输的产业	航空服务业、航空运输业、航空器维修业、航空器零部件生产业等	与空港关联最密切、紧密依赖于空港
临空指向性较强的产业	具有科技含量高、附加值高、重量轻、体积小、产品生命周期短、市场敏感度高、对航空运输服务的需求量大等	航空物流业、高新技术产业	对增强临空经济区的竞争力、增强经济区的品牌效应具有重要意义，也是其他临空产业出现的基础
临空指向性较弱的产业	由临空指向性较强的关联产业推动而发展的现代服务业	金融保险业、房地产业、会展业、科学研究与技术服务等生产性服务业；旅馆住宿、娱乐健身、餐饮业、旅游服务业、居民与个人服务等消费性服务业	丰富并优化了临空经济区的产业环境、对于区内经济总量的增长和实现产业结构提升均具有很强的积极作用

资料来源：根据《临空产业划分及其特征研究》整理，程程、邸振权，载于《产业与科技论坛》2012年第11期。

（三）特征

临空产业聚集在机场以及机场周边地区，具有临空指向性、产业集聚性、技术先导性和空间圈层性，并且根据机场的枢纽地位，临空产业呈现出全球易达性的特征。

1. 临空指向性

不同于一般的经济特区，临空经济区发展具有临空偏好的产业，无论临空偏好性的强弱，临空产业都以航空运输业为指向和中心，依托航空运输的区位优势和交通优势而发展，与航空运输有着直接或者间接的紧密联系。

2. 产业聚集性

由于航空运输的带动作用，位于航空产业链和运输服务链之上的相关产业被吸引到机场及周边地区，逐步发展繁荣。临空产业的集聚性主要表现在空间上，形成了一个以机场为核心的收敛圆心地带，越距离圆心近，越具有航空运输的特征及优势。

3. 技术先导性

航空产业、航空物流业、先进制造业和现代服务业是临空产业的主要类型，也是各临空经济区发展的核心产业和主导产业。这些产业大多为新型高科技产业、新兴产业，具备资本和活力并重的特点，具有巨大的发展空间和商业潜力。同时，临空产业通常提供的是价值性高、技术精、体积小的产品，可以利用航空运输直接运往市场，从而使机场在知识性产业发展中扮演了重要的角色，凸显了临空产业的技术先导性。

4. 空间圈层性

圈层结构是临空产业空间发展的主要特色。临空产业在机场周围遵循着一定的产业分布规律，根据产业与航空运输的联系紧密程度的不同，对于航空运输依赖性的强弱，通常呈现同心圆式的圈层布局结构。空间圈层性是临空产业在空间层面上形成的局部特性，在实际发展中，也会呈现出一些非标准的圈层结构，如扇形结构。

5. 全球易达性

临空经济依托枢纽机场而形成，临空产业也依靠枢纽机场的区位优势和交通优势不断发展。枢纽机场除了具备良好的航空运输能力，一般还会有相配套的地面交通，甚至是综合的交通运输体系与其他城市相连接，无疑增加了机场的通达性，也增强了临空产业与外部的交流。临空产业发展所需的各类资源不再仅仅是依靠当地的资源优势，而是凭借枢纽机场的时间和空间收敛性带来的全球资源和市场，方便达到多个目的地，使得临空产业更具有全球易达性。

三 临空产业集聚

临空经济是伴随航空运输而发展起来的，通过航空经济和以机场为核心形成产业集聚，带动区域产业优化发展，从而提升本地区的经济发展水平，是临空经济的发展特征。临空经济区形成初期，通过临空指向性强的产业集聚，带动周边产业的调整，继而形成多种产业有机关联、并向外围辐射的集聚发展模式。由于机场所处的位置、区位条件、经济基础、产业特点、交通条件等因素不尽相同，在临空经济区建设中产业的选择和发展也不同，形成了不同的临空产业聚集模式，归纳起来主要有临空自由区、临空商务区、临空物流园区、临空工业园区等发展模式（见表3—3）。

表3—3　　　　　　　　　　临空产业聚集发展模式

发展模式	产业选择	产业集聚模式	典型代表	各发展模式的相同点
临空自由区	贸易服务等	多种产业并进的集群化发展模式	中国香港、迪拜、仁川、香农	①与城市功能的相互促进作用逐渐增强②与城市最基本的功能区之间的界限模糊③功能的综合性明显④建成城市功能完善的新城区
临空商务区	商务服务等	以现代商贸服务业为主导产业的发展模式	发展比较成熟的大型国际机场	
临空物流园区	物流运输、组织、管理	以航空物流业为主导产业的发展模式	我国最广泛应用的一种模式	
临空工业园区	先进制造业	以航空产业、先进制造业为主导产业的集聚发展模式	成都双流机场	

资料来源：根据《中国临空经济发展报告（2014）》以及葛春景，郝珍珍：《临空经济区产业集聚模式及发展路径研究》，《对外经贸》2013年第10期进行整理。

四 临空经济产业园

临空经济区在发展过程中，产业不断集聚，不仅包含传统的航空运输业，而且包括高科技产业、现代服务业等高端产业，从而形成各类产业群。这些产业群在空间分布上逐渐形成一些功能区，各功能区之间的产业分工布局，功能互补，继而形成各类功能区的区域组团，或者是临空经济产业园（见表3—4）。临空经济产业园是临空经济区多元化、集约化发展的结果，是具有集聚效应和扩散效应的综合体，也是航空城、航空都市发展的重要基础。

表3—4 临空经济产业园的基本类型

临空产业园的类型	内涵	主要产业及形式	
临空关联型	是指与机场功能直接有关的产业	临空工业区	临空配套工业区：主要发展航天科技、航空相关产业、制造加工业等。新技术产业区：主要是发展以空运为依托的高新产业基地
		物流园区	主要发展仓储、运输、中转、配送、包装和流通加工等物流服务业务
临空附属型	是指与机场相邻而得益的产业	会展业、分销中心、电子商务	
机场服务型	是指与机场相邻而得益的产业	临空服务区	临空服务区产业包括：宾馆、餐饮业、购物、商业中心、金融业、咨询业以及基本的服务相关行业
		临空居住区	临空居住区产业包括：房地产业、教育、医疗等
		观光旅游区	观光旅游区产业包括：旅游、观光和休闲等
外围辐射型	增强外围辐射区作为地区或国际商务中心、会展中心的地位		

资料来源：根据施蕙生：《国际临空经济（产业）园区发展模式比较》，《上海房地》2010年第7期整理。

第二节　理论基础

现有文献中有关临空经济生态化的研究，多是从航空港生态化建设和产业生态化开发的角度进行建议，缺乏对临空经济生态化理论本身涉及的主要内容的归纳总结，没有形成临空经济生态化的理论框架。本书以生态化理论和循环经济理论为基础，开展航空经济可持续发展——临空经济生态化的研究。

一　生态化理论

生态化理论是一个理论体系，已经成为指导人类社会、经济与自然生态系统协同发展的重要理论基础。20世纪90年代以来，欧美等临空经济发达的国家和区域加速了生态化的进程。

（一）生态化的内涵

生态化是一种可持续的观点，是指生物与环境间相互协调发展的关系，本质是研究包括人类在内的所有生物的生存和发展问题。本书所讲的生态化是综合、整体的概念，蕴含经济、社会、自然生态的内容。简言之，就是追求经济生态化、自然生态化、社会生态化和人的生态化的有机统一。生态化是一个动态过程，生态化中的"化"，就是指一种趋势和方向，是一个渐进的过程，具有运动和变化的特点。生态化的核心是生态学原理的应用。生态化表现为人类社会经济活动中的一个基本理念，即生态学方法及其价值观念向社会生活各个层面的扩展。生态化不是生态经济、循环经济、低碳经济的代名词，也不仅仅是生态化技术，而是原则、观念、思维方式。

（二）生态化的特征

生态化追求低消耗、低污染、高效率。在发展经济的同时，提高资源能源利用效率、减少污染物排放对环境的负面影响。一般认为生态化有以下几个特征：①强调经济生态化；②把维护自然生态平衡作为重要价值目标；③追求生态公正；④坚持以人为本；⑤与两型社会建设在实践中相互依存、相互促进。

（三）生态化的类型

根据生态化问题产生的原因，可以将生态化分为两类：一是经济较为发达，工业化造成环境污染和生态退化；二是经济较为落后，过度垦殖造成生态退化。在我国，刘则渊于《产业生态化与我国经济的可持续发展道路》一文中最早提到"产业生态化"一词，并认为产业生态化就是把作为物质生产过程为主要内容的产业活动纳入大生态系统中，把产业活动对自然资源的消耗和对环境的影响置于大生态系统物质、能源的总交换过程中，实现大生态系统良性循环与持续发展。国内著名生态环境学者王如松也详细地介绍了产业生态理论的研究方法和热点，指出生态产业是按生态经济原理和知识经济规律组织起来，基于生态系统承载能力、具有高效的经济过程及和谐的生态功能的网络型、进化型产业。黄光宇等认为按照具体涉及的对象又可以分为产业、经济、城市、自然生态化以及工业、农业生态化等。

本书主要从产业、经济、城市、自然四个方面概述临空经济生态化。

1. 产业生态化

产业生态化是依据生态经济学原理，运用生态、经济规律和系统工程的方法来经营和管理传统产业，以实现其社会、经济效益最大、资源高效利用、生态环境损害最小和废弃物多层次利用的目标。

2. 经济生态化

经济生态化是指经济要素优化组合，经济结构动态合理，经济发展与资源开发、环境保护相协调，经济增长速度与质量同步，以不断满足人们生存和发展所需的物质生活需求。经济的发展要以生态为基础、为支撑，而生态的保护与建设又有赖于经济的发展。

3. 城市生态化

城市生态化简单地说就是实现城市社会—经济—自然复合生态系统整体协调而达到一种稳定有序状态的演进过程，是城市空间范围内生命系统和环境系统之间的协调发展。

4. 自然生态化

自然生态化是指通过有利于环境的生产方式、生活方式和消费方式，无污染或低污染的技术、工艺和产品以及对环境和人体健康无不利影响的各种开发建设活动，实现资源消耗的最小化和产出的最大化，从源头上减少污染，维护生态平衡，保持自然生态系统的可持续发展，以满足人在发展过程中所需的优美的自然生态环境。

二　循环经济理论

循环经济始于人类对环境污染的关注，但又不仅仅是由单纯的环境问题引起，也不是单纯地由资源问题引起，它源于对人与自然的思考，与可持续发展一脉相承。

（一）循环经济的概念

传统经济模式是资源→产品→污染排放单向流动的线性经济模式。循环经济成为一种新型的经济发展模式，与传统经济相比有其独特性。循环经济概念是由美国经济学家鲍尔丁提出的。鲍尔丁认为循环经济是一种实践可持续发展理念的新的经济发展模式，它从资源环境是支撑人类经济发展的物质基础这一根本认识出发，通过资源→产品→废弃物→再生资源的反馈式循环过程，使所有的物质、能量在这个永续的循环中得到合理持久的利用，从而实现用尽可能小的资源消耗和环境成本，获得尽可能大的经济效益和社会效益。循环经济是一种与环境和谐共处的经济，它是运用生态学规律来指导人类社会经济活动，将经济物质循环系统融合到生态物质循环系统之中，通过资源减量化、产品反复利用、垃圾资源化和污染排放最小化、无害化等方式，重构经济系统运行模式，来实现经济循环圈与生态循环圈的良性循环和协调发展。循环经济是以资源的高效利用和循环利用为核心，以"减量化、再利用、资源化"为原则，以低消耗、低排放、高效率为基本特征，是"促进人与自然的协调与和谐"，符合可持续发展理念的经济发展模式，是对"大量生产、大量消费、大量废弃"的传统增长模式的根本变革。

（二）循环经济的效应

循环经济遵循减量化及循环利用的原则，在生产活动之间、生产活动与消费活动之间增加了回收再生利用活动，与传统经济模式的资源→产品→污染排放单向流动方式不同，形成了资源→价值→再生资源→派生价值的反馈式流程，构成了资源循环流动、反复利用的闭环经济系统。循环经济以提高资源利用效率为根本出发点，不仅在生产的各个环节中都进行集约化生产，而且要求循环利用一切可以利用的资源，追求以最小的资源消耗和环境成本，获取最多的经济和社会效益。同时，循环经济可以极大地节约资源，避免人力、物力等浪费，比起传统的单向产品生产可以带来更大的经济效应。因此，在产品的循环生产再利用过程中，可以不断创造新的经济价值，获得更多的经济收益。

临空经济发展依靠高端产业和现代服务业，相对于发展低端产业和传统服务业，其本身具备实施循环经济的天然优势；同时，临空经济发展自发形成临空产业集群，为临空经济与循环经济的有机结合提供纽带。可见，循环经济理论是临空经济生态化的理论基础，临空经济生态化是循环经济的重要实现模式。循环经济的理论模型、机制及载体都与临空经济生态化路径和模式存在着很强的内在逻辑关系。

第三节　基本框架

航空经济核心要素包括机场、产业、空间三方面，其中任何一方面都与生态环境有着密不可分的关系，机场规划、产业选择与发展、经济空间布局无一不受到生态环境要素的约束，如何引导和促进航空经济与生态环境的协同发展，即航空经济的生态化是亟待解决的问题。基于循环经济的航空经济生态化是解决航空经济发展造成的资源和环境问题的重要举措，而如何进行，其路径和模式的选择就是这一举措的重要瓶颈[①]。

一　基于循环经济的航空经济生态系统构成

航空经济生态系统就是临空经济区的生态化。临空经济区是临空经济的空间载体，临空经济区的产生与发展是机场发展、产业发展、所在地区发展和所在城市体系发展这四重因素共同作用的结果。临空经济区涉及的活动比较广泛，最主要的就是商业活动、居住活动和生产活动。各种活动之间的分区构成了临空经济区的空间形态。这些活动受到经济、交通等条件的影响，规模大小和方位形状都在不断变化，相应的也就对临空经济区的空间形态带来了影响。成熟的临空经济区，一般呈圈层结构（空港区、紧邻空港区、空港相邻区、外围辐射区四个环形区域），具备多功能的区域（临空工业区、临空农业区、临空服务区、临空旅游休闲区、临空居住区）。临空经济区生态化发展不仅仅是企业的环境义务，更重要的是，它作为区域空间发展载体，会吸引更多的产业和服务，而这些产品和服务又会创造新的经济增长点。

临空经济的功能区包括机场核心区、产业园区、物流园区、生活园区等。航空经济生态系统可以从以下四个方面构建：

（一）机场建设绿色化

机场是临空经济发展的基础，也是临空经济区最核心、最重要的基础设施，机场的大小、设施的完善以及机场的辐射范围决定了临空经济的影

---

① 本节主要内容摘自河南省社科联、河南省经团联 2014 年度调研课题研究报告，编号：SKL - 2014 - 2891，主持人：柴金艳。

响范围。绿色机场是机场及临空经济区的一种可持续发展模式。绿色机场的内涵包括环保生态理念、科技创新手段以及资源高效利用、环境生态友好、区域协调发展几个标准①。

具体讲，绿色机场可以反映为机场基础设施低碳化，是指依托大型枢纽机场的综合优势，在基础设施的建设、运营和拆除的全寿命周期中，以低能耗、低污染、低排放和高效能、高效率、高效益为基础，最大限度地减少温室气体排放，依靠技术创新和政策措施，以节能减排为发展方式，从而促使资本、技术、人力等生产要素在机场周边集聚，继而对机场周边地区的产业产生直接或者间接的经济影响。临空经济区的基础设施低碳化能够有力地带动相关产业的发展，从而推进产业结构调整。机场核心区的低碳化即是本着打造绿色机场的理念，机场各设施尽可能采用绿色环保型材料如助航灯光可采用 LED 光源，根据"无害化、减量化、资源化"的原则设计机场垃圾资源化处理流程等。

（二）临空产业生态化

产业生态化即根据自然系统的实际承受能力，采取有效的方法将自然、产业和社会三大系统加以协调整合，实现自然资源的合理开发利用，减少对社会环境的污染，实现经济与社会等各方面的协调和可持续发展②。

临空产业生态化是在临空产业系统的运作、规制以及其与生物圈的相互作用过程中，基于对生态系统的认知，决定如何进行临空产业选择与调整，以使其与自然生态系统的运行相协调的过程。

临空产业发展具有共通之处，同时又会因为不同区域、不同时间段、不同特征而同中存异，这也为临空产业生态化的发展提供充分的研究空间。

（三）物流园区低碳化

园区是产业集聚的空间形态，是为了实现基础设施和资源的充分利用。众多的物流企业集聚在一起，实行专业化和规模化的经营，将运输、仓储、配送、信息等环节进行有效的资源整合，从而发挥整体优势，降低

---

① 连玉明等：《中国临空经济发展报告（2014）》，社会科学文献出版社 2014 年版，第79—97 页。

② 王景全：《郑州绿色航空港建设的特征与路径》，《城市建设》2014 年第 2 期。

运营成本，是物流业发展的重要形式。临空经济区依托航空运输而发展的本质决定了航空物流产业发展的先天优势，物流园区成为临空经济区内的重要功能区，园区内物流企业可以实现信息共享，企业可以共享基础设施，产生产业链效应。在许多临空经济区，物流园区以主导产业园区的形式出现，对于物流产业本身而言，可以发挥优质高效、减少无效活动的作用；对物流延伸产业而言，可以增强其集聚性，降低其由于寻求延伸产业而带来的消耗。

低碳物流园区是以可持续发展理论为指导，以低能耗、低污染、低排放为目的，对物流园区进行系统的规划和设计，对园区内物流作业或物流企业进行有效的控制和引导，而构建的一个物流业发展与生态环境保护双赢的经济地域综合体。物流园区低碳化必须以低碳环保为理念，以创新为手段，使企业的合作效益最大化。

（四）生活园区低碳化

随着临空经济区的发展，该区域聚集的人口会越来越多，生活园区不再仅仅是满足就业人口的生活需要，其功能的发挥还将直接关系到临空经济区的整体发展。

低碳生活园区是指以人类无限需求与自然环境容量相适应、顺应自然规律为原则，以资源节约、环境友好、以人为本为标准，强调整合实现自然环境与人工建筑物、构筑物的相互贴近，形成的一个安全、高效、循环、舒适的生活服务综合体。在生活园区的规划、建设、运营和发展过程中始终秉承资源节约、环境友好、以人为本的标准，实现生活园区的人性化发展。

二　临空经济区可持续发展

临空经济的可持续发展表现在空间范围上，即临空经济区的可持续发展。方明、袁堃将临空经济区可持续发展能力定义为：以发展、协调和持续的指导思想，临空经济区通过在全球范围内吸引和有效配置资源、均衡地产出比其竞争对手（其他同类区域）更多的财富，占领更大份额的国内外市场，以实现区域经济持续增长的能力①。

---

① 方明、袁堃：《临空经济区可持续发展能力评价实证研究》，《理论月刊》2010 年第 7 期。

同时，他们还就临空经济区的可持续发展具备的能力和评价指标进行了论述，如表3—5所示。

表3—5 临空经济区可持续发展能力评价指标体系

	能力分类	内涵	测量指标
临空经济区可持续发展能力	产业集聚能力	属于某种特定产业及其相关支撑产业或属于不同类型的产业在一定区域范围内的地理集中	产业集聚率、投资密度、工业向临空经济区集中指数、产业单位面积土地工业产值产出率、产业单位面积土地工业税收产出率
	社会发展能力	即维持环境保护和区域社会健康可持续发展的能力以及提供区域社会安定稳定的社会就业机会	万元产值能耗、万元产值水耗、社会就业率
	管理能力	临空经济区政府的管理能力	土地销售产出率、土地增加值产出率、土地利润产出率、土地税收产出率
	航空运输能力	临空经济区所依附的机场的航空运输能力	年客运流量、年货运流量、城区到机场的距离

从表3—5可以看出，临空经济区可持续发展能力评价指标体系的构建，为临空经济的可持续发展提供了一定的参考和标准，同时也可以看出产业集聚能力是临空经济区可持续发展的重要基础，以产业集聚能力为基础发展相关功能区和配套设施，提高各项能力，才能真正实现临空经济的可持续发展。

三 临空经济生态化路径设计

运用循环经济理论和运行机制，结合自然生态系统的规律和临空经济区的特点，注意临空经济发展的不同周期阶段，考虑临空经济发展的现实状况，可以从开发规划、基础建设、产业甄选、集群网络、驱动机制、协调管理、消费模式等方面设计适合的临空经济生态化路径。

（一）开发规划及基础建设设计

临空经济区的开发和建设是建立在一定的资源禀赋和生态环境承载能力之上的，临空经济区开发建设必须从生态优先的角度出发，把创优生态环境和投资环境摆在同等重要的位置，加快完善基础设施配套、强化企业服务。由于临空经济区地理位置的特殊性，区域内除了拥有机场外，会形成集铁路、高速复线等为一体的立体交通网络，同时临空经济活动不可避免地会对周边生态环境造成影响，临空经济区不能成为孤城，无序的开发建设必将与周边的生态目标保护产生冲突，甚至会产生不可逆转的生态环境影响。因此，临空经济在开发规划、设计、建设、运营和发展的全过程都必须以生态化为目标加以约束和引领。

（二）产业甄选及集群网络设计

优选临空产业，促进临空产业集聚，是临空经济发展的核心支柱。从与航空运输业密切相关的物流业和航空制造业，到依托航空运输方式的高新技术制造业，再到金融、保险、法律、会展等生产性服务业和一些康体休闲产业，临空经济区内部必须存在着产业间的良性互动。在选择临空产业时要严格控制入驻临空经济区企业的标准，限制不具备临空指向性的传统产业进入临空经济区，吸引高新技术产业、现代制造业的价值链高端环节和现代服务业，引进跨国公司和国内外知名的现代服务企业。同时，临空经济管理机构必须明确入驻园区的企业甄选机制和流程，以保证园区内形成高端的良性互动的产业链和产业集群。此外，还要协调处理好临空经济区内部的产业类型和周边城镇的产业类型衔接问题，从而保证区内带动区外、区外推动区内的良性循环，完善临空经济发展的软硬环境。

（三）驱动机制及协调管理设计

发展临空经济，既需要较高水平的硬件环境，又需要优良的创新环境。依靠创新驱动临空经济区建设，需要考虑临空经济区区域的特定性、经济的辐射性、产业的新颖性、效益的突出性等特点，以及区域内布局产业的高时效、高技术含量、高附加值特性，着力集聚一批高端创新要素，着力培育一批创新型企业，着力转化一批创新成果，着力引进一批创新型人才，着力完善知识产权保护机制。协调管理并不是将组成系统的要素（各个参与企业）进行简单的叠加，协调的关键在于理顺系统内各要素的关系；促进企业在信息流、物流、资金流等方面进行合理的协调，有效实现合作伙伴之间信息共享与交流，提高整个系统的有序性。以创新驱动为前提，以协调管理为手段，为临空经济生态化发展提供保障。

（四）消费模式设计

随着枢纽机场规模的扩张、客货运量的大幅增长及航线网络在全球的扩展，不仅为临空经济区建设带来优势资源，同时其所依托的枢纽机场及其周边地带也成为重要的生产和生活消费区域。构建有利于节约能源资源和保护生态环境的消费模式，已经成为我国生态文明建设中与产业结构的调整和发展方式的转变有机对应的三大路径之一，临空经济区的消费模式更应该严格地遵循此模式。消费模式的生态化转型既是建设好生态文明的一个重要切入点和突破口，也是走向生态文明的终极支撑。生态化消费模式是对自然资源和生态资源系统的利用及其消费应该而且必须控制在其有序运作和自我恢复、有机清除和自我净化与有效承载和自我循环所允许的范围内。生态化消费模式符合生态环境系统协调平衡的要求，是建立消费者身心健康的一种状态积极、调控自觉和规模适度的现代消费模式。

第四节　国内外经验借鉴

通过对调研资料的分析，可以看出目前国外城市临空经济区发展普遍处于成长阶段，相关经济区采取了一些生态化的措施，但仍然存在很大的不足。其生态化的现状主要表现在：从外部来看是经济区内不同功能区的绿化低碳及环保措施，如德国法兰克福机场不断开发经济区内可更新的风能、太阳能等能源，因此，注重更新获取太阳热、太阳能、水力、生物能和风力等的设施设备；另外德国大部分临空经济区内都种植绿色植物，建有绿化带，新加坡樟宜机场通过清洁生产工艺设计、节能设备改造实现生态化。从内部来看是经济区内产业结构的调整和优化，更加注重发展无污染或低污染的产业，如荷兰阿姆斯特丹以史基浦机场为核心的经济区，采取临空企业内部副产品加工、废弃物回收处理等方式实现临空企业层面的生态化。

一　绿色机场建设的经验

目前，世界各地在绿色机场建设方面已经形成了一些具有特色的模式，大致可以归纳为四种类型，具体如表3—6所示。

绿色机场建设具有复杂性特征，是一项系统性、长期性的工程。绿色机场建设以绿色规划为重要前提，绿色技术是重要手段，绿色服务是重要内涵，绿色管理是重要保障，绿色发展是根本目标。绿色机场建设不仅是机场可持续发展的要求，也是临空经济区可持续发展、临空经济生态化的重要基础保障。

表3—6   绿色机场建设经验总结

绿色模式	建设理念	代表机场	借鉴及启示
节约型机场	资源减量化、循环化	洛杉矶洛根机场、新加坡樟宜机场、成田国际机场、芝加哥奥黑尔国际机场、哥本哈根机场、北京首都国际机场、上海浦东国际机场、昆明长水机场	注重将节约原则贯穿于机场建设与运营的全过程；更注重资源、能源的节约
环保型机场	生态环保	慕尼黑机场、仁川机场、香港国际机场、成田国际机场、素万那普机场	将环保理念贯穿机场建设与运营的全过程；更注重机场与自然环境的和谐发展
人性化机场	以人为本	上海浦东国际机场、新加坡樟宜机场、仁川机场	注重对乘客、对合作伙伴的服务；注重打造机场自身人文特色
科技型机场	科技创新	杜塞多夫国际机场、仁川机场、匹兹堡国际机场、阿德莱德国际机场、圣约瑟国际机场	与节约型机场、环保型机场、人性化机场建设相结合满足机场特殊发展需求

资料来源：根据《国内外绿色机场建设类型的研究》整理，载自连玉明等，《中国临空经济发展报告（2014）》，社会科学文献出版社2014年版。

二 临空产业生态化经验

临空产业是临空经济发展的经济基础，一方面，临空经济区内生态化的发展需要对产业结构进行调整，另一方面，开发新的低碳产业也可以节约资源和成本，促进临空经济的可持续发展。因此，临空经济区的产业选择以生态型产业为主导，表3—7列举了几个典型的临空经济区。

表3—7   临空产业模式对比

临空经济区	韩国仁川	荷兰史基浦	美国孟菲斯	德国法兰克福
称誉	全球服务最佳机场	欧洲商业界的神经中枢	世界顶级物流转运中心航空大都市	莱茵河畔的曼哈顿
主导产业	物流、商务服务	多种产业于一体	物流	金融、会展
产业模式	购物休闲娱乐中心	多元化综合性	物流快递与分拣中心	物流园区加商务区
产业类型	①自由经济区 ②国际商务中心	①物流园区 ②商务园区 ③工业园区	①信息科技 ②高端制造 ③航空物流、仓储 ④科研、商务	①零售与地产 ②地面服务 ③外部经营活动与服务

从表 3—7 中可以发现，随着临空经济的发展和成熟，会展、金融、娱乐、餐饮以及旅游等相关服务业在机场周边地区逐渐集中，特别是会展经济与航空经济的联系越来越紧密。由此我们得到两点启示：一是临空经济区发展这些"无烟产业"，是在促进发展经济的同时坚持走生态化路径的优化选择；二是积极开发新的无污染低碳产业，在经济区内形成了一个低碳化产业链。

我国临空经济虽然起步较晚，但是起点较高，在产业布局和空间布局上吸收国外先进经验，按照临空经济产业园模式进行发展（见表 3—8），产业园区分工协作，都非常注重临空经济区的生态化、可持续发展。

表 3—8　　　　　　　　　我国几大临空经济园区内产业布局

城市	临空经济园区布局
北京（顺义）	六大园区：天竺出口加工区、空港工业园区、林河工业区、国门商务区、空港物流基地、北京汽车生产基地
上海（浦东）	六大板块：航空服务工业带、城市型高科技产业区、农业生态平衡带、居住区、航空城中心区、旅游区
广州（花都）	四大园区：广州空港国际物流园区、机场高科技产业基地、联邦快递亚太区转运中心配套产业园区、机场商务区
深圳（宝安）	五大功能区：空运中心、保水贸易仓区、临港工贸园区、海运中心、其他综合服务设施
西安（咸阳）	四大功能区：物流配送和仓储区、进出口加工区、文化旅游为主的第三产业区、生活居住区
成都（双流）	两带四团：以天府大道为轴心的正南发展带、以成乐大件路为轴心的西南发展带；东升组团、华阳组团、西航港组团、牧马山组团

资料来源：程程、单振强《我国临空经济园区发展总部经济的区位优势与对策研究》，《河北金融》2012 年第 2 期。

三　功能区生态建设经验

临空经济区在功能上存在三个层次：一是经济区内基础设施层次就是与机场直接关联的设施，也是最核心的；二是经济区相关设施层次；三是强化、延伸设施层次。将整个临空经济区范围内企业联合形成循环经济产业链，在这条产业链上有计划、有组织地设置一些基础设施共享的关键环节，可以大幅度降低单个企业运作的人力、财力成本，又可大大降低资源消耗总量，并减少污染排放，极大地提高了资源利用率。我们通过对多个临空经济区设施建设的调查，归纳出以下经验，如表3—9所示。

表3—9　　　　　　　　临空经济区内设施低碳化措施

功能区	设施类型	低碳化主要措施
航运站功能区	①复印、电传 ②银行、商店、饮食店 ③航空公司窗口、行李寄存 ④候机厅、会议室	在航运站各区域内加强生态化建设宣传，提高污水收集处理率，提高生活垃圾无害化处理程度
旅行服务功能区	旅行公司窗口、出租、机场直达公共汽车	注重节约资源以及各种旅行交通设施的节能环保
交通服务功能区	①停车场、出租车站场、公共汽车站场、机场交通站场 ②高速道路、高速水运、机场内部专用捷运等系统	首先确保各种交通道路完好；其次加强并注重维持停车场、公共车站、机场内高速道路等的环境卫生
住宿服务功能区	各种旅馆、宾馆、短期休息设施	在经济区域内各种住宿设施中加强节能教育及宣传，倡导低碳、绿色、循环经济理念和生活方式
经济区内职工相关功能区	①机场职工住宅、公寓、宿舍 ②各种生活相关设施	提高职工生态化意识。营造绿色、便捷、舒适的人居环境
机场运营相关功能区	急救医疗设施、消防设施、警备安保设施、环境卫生设施	注重加强各种设施用具的定期消毒卫生等
航空客运及货运功能区	①航空客运、货运设施 ②相关商务设施	大力推进节能、节水、节地等新技术、新举措，提高资源能源综合利用效率
飞机相关产业功能区	飞机日常修理、维护、零件更换等设施	大力推进清洁生产，全面推行清洁生产审核，严禁新上高污染、高能耗项目
相关服务功能区	①飞机内食品关联产业、飞机内外打扫产业 ②计算机中心 ③航空公司基地、运输公司基地、旅行公司基地	推进生态产业建设：围绕新兴产业发展金融、现代物流等高端服务业；大力推进以电子信息为主导的产业

四　生态消费模式的经验

国外发达临空经济区在核心区主要采取的措施包括：核心区内不同区

域清洁生产与区域内部物质循环。不同区域清洁生产是通过以下两方面影响区域的经营管理的：一是清洁生产的实施将临空经济核心区不同区域生产管理与经营管理结合到一起，使不同区域的管理更有效，并从源头上减少了成本与开支。二是各区域通过技术改造达到了"节能、降耗、减污、增效"，从而实现经济效益和生态效益的"双赢"。针对中心城区，普遍采取的对策就是进行节能、节水、节财的一系列措施，强化责任区内环境管理的责任，有效降低临空经济区内各服务业的地域污染度、能源、水资源消耗。逐步减少一次性用品使用量，节约资源，改良和完善产业逐渐实现以绿色服务业带动传统产业生态化转型。如韩国的首尔金浦机场注重科学生产，积极实现产业转型。而在一般城区，实行的对策就是配备大量的学习和生活配套设施，同时利用机场优美的自然环境、较高的绿化率、清新的空气发展地区旅游业等第三产业的同时注重营造一般城区优美舒适的自然环境。如我国台湾的桃园航空城利用其濒临海边的特点，建有滨海游憩区、国际村、游艇港等。

本章小结

临空经济形成过程中，利用机场的产业聚集效应，促使相关资本、信息、技术、人口等生产要素向机场周边地区集中，同时保证以机场为中心的经济空间具备绿色、可持续发展的要求，符合产业生态化发展需要，使形成的不同航空关联度的产业集群具备生态园区的特征，这个过程称为临空经济生态化，其目标是实现机场、城市、产业、空间、生态环境的协同发展，最终形成绿色航空大都市。

生态化强调社会、经济、自然协调发展和整体生态化，要促进临空经济增长，不仅要重视经济增长数量，更要追求经济质量的提高，提高资源的再生和综合利用水平。临空经济生态化的过程必然发挥集聚、辐射、带动、优化等功能，这些功能不仅反映在经济效益上，还必然反映出生态效益和社会效益。合理规划临空经济生态化要素，有效利用临空经济生态化的各种功能，必须对其进行细致划分和归纳。

本章运用循环经济的理念，借鉴临空经济的可持续发展能力指标体系，针对临空经济的核心要素——机场、工业园、物流园、生活务和消费进行临空经济生态化路径设计，从理论上构建临空经济生态化发展的框架，并结合国内外临空经济区的实际情况，从绿色机场建设、产业生态化、功能区生态建设以及生态消费等方面总结了一些先进经验，为后续章节针对郑州临空经济生态化的研究提供参考。

第四章　会展业的临空化发展

临空经济的发展，有助于形成以临空指向产业为主导、多种产业有机关联的产业体系。会展业作为现代服务业的重要一支，借助航空运输的快速、便捷、覆盖性强等优势，利用临空经济所带来的区域生产要素的聚集和扩散，逐步呈现出临空化的趋势。

第一节　相关概念明晰

会展是20世纪90年代出现的新名词，目前衍生出了会展业、会展经济、会展管理、会展旅游等一系列概念和学科。本节对研究所涉及的会展、会展业、会展业资源等概念进行界定、比较和明晰，确定本书研究的主要术语。

一　会展及其功能

会展是人类的交流活动，是人类社会对物质文化的交流需求达到一定程度应运而生的。以会议和展览活动为核心形成了会展业，继而又形成一种聚集效应和辐射效应都很强的综合经济——会展经济。可见，会展活动是最基本、最基础的核心概念。

（一）会展的定义与内涵

会展，顾名思义包括会与展两层含义：会主要是指以会议形式的组织活动，它属于一种高级的社会群聚性活动，通过它的组织，可以交流信息、探讨问题、传道授业、解疑释惑；展主要是指以样品陈列、参观和交易为主的展览活动（邹树梁、王铁骊，2003）。刘大可等（2006）指出，会展在美国被称为 MICE（即 Meeting, Incentive, Convention, Event），它包括各种类型的专业会议、博览会、交易会、奖励旅游和事件活动。涂成林等认为，会展指的是某一时间、某一地点、围绕一定主题进行的集体交流活动，通过举办各种类型的会议、展览和城市经济发展、文化交流等产生直接或者间接的促进作用，形成行业经济效益。张敏认为，会展是一种以现场集聚为形式，以表达展示为手段，以主题化时空为核心的规模化营销沟通服务[①]。

综合以上观点，本书认为会展是指某一时间、某一地点、围绕一定主题进行的集体交流活动，通过各种类型的展、会活动，实现其经济功能、传播功能、营销功能以及教育功能，主要包括会议、展览、节事活动、奖励旅游四大部分。

(二) 会展的基本功能

会展是在特定的空间、时间内多人的集聚，是集体性的物质、文化、信息的交流活动。不仅具有较强的经济功能，在商品流通、传递信息、引导消费、产业结构调整、经贸合作等方面发挥积极作用，同时还能够拉动城市建设、促进城市功能的发挥、提升城市形象，其具体功能表现为：

1. 辐射功能

一次会展活动，需要交通、旅游、宾馆、餐饮、通信、商贸、广告、保险、报刊、物流等多种活动及产业的支持。任何一个会展的成功举办都离不开主办机构、承办机构、协办机构和赞助机构等主体，更需要各种场馆、设施及其配套服务商的通力协作。由此，会展活动能够为会展举办地（城市）的相关产业带来连锁效应，从而也使得会展具有了明显的辐射及带动效应。德国著名研究机构——IFO 研究所（Institute for Economic Research，德国经济信息研究所，简称德国 IFO 经济研究所）通过调查研究得出，会展活动对经济效益的拉动（带动）效应可达到 1:9。

2. 传播功能

从本质上看，会展是为信息交流而进行的传播活动。会展为国内外的企事业单位、社会团体、各种消费群体提供了沟通和交流的平台，在这个平台上，各种需求信息、价格信息、物流信息、发展趋势信息、科技信息等汇集一体，通过理论研讨、专业切磋、样品陈列、产品展示、新产品发布等形式，促使各种新知识、新技术、新理念、新产品的传播，从而促进

---

① 张敏：《导言：为中国会展业崛起探索创新之路》，《中国会展研究 30 年文选》，上海交通大学出版社 2009 年版。

国际性、国家性和区域性的物质和文化交流。

3. 营销功能

会展是一种有效的营销工具，为大量的买家和卖家提供面对面的接触机会，发挥人们视觉、听觉、嗅觉、味觉、触觉的整体感受，有利于参展商、客商准确地把握行业发展趋势，帮助企业降低成本，制定有针对性的生产经营策略，在宣传形象、推广产品、创造品牌、引导消费、招商引资等方面的作用十分明显。

4. 教育功能

无论是会议还是展览，或者是节事活动，其背后都蕴含着丰富的各民族文化内涵，渗透着思想上的相互交流、相互启发，显示出会展组织者、参与者的价值取向、政治取向和情感取向。知识性的展会更是"活生生的课堂"、"现实的教具"和"百科全书"。

5. 整合功能

会展活动不仅需要多种相关活动和配套产业的支持，同时也是对多种活动和资源的整合。会展活动本质上是资源整合，具体体现在：组织工作是资源整合；招商工作是资源整合；展会平台是资源整合①。会展活动的整合功能体现为，一次会展能够把处于企业内部的彼此相关但却又分离的职能资源，以及企业外部既参与共同的使命又拥有独立经济利益的合作伙伴整合成一个系统，通过会展活动让大家共享收益，取得 $1 + 1 > 2$ 的效果。

6. 优化功能

城市举办会展，会吸引国内外大量的人流、物流、资金流和信息流，这不仅会给会展举办城市带来信息、技术、资金的流动和观念的革新，而且为会展举办城市创造更多的投资机会、就业机会，改善投资环境，推动城市经济的发展与国际接轨。同时，展会设施、交通设施、通信完善，市民的素质以及城市的文明程度不断提高。

二　会展业及其发展

会展活动经历了由少到多，由简到繁，内容不断拓展，影响范围越来越大，形成了一个新的产业类型——会展业。会展业（Convention and Ex-

---

① 江志君：《会展活动本质上是资源整合》，《中国贸易报》2013 年 3 月 5 日。

hibition Industry）是会议业与展览业的总称，隶属于服务业。

（一）会展业的界定

目前对会展业还没有统一和权威的界定。过聚荣指出，会展业是服务贸易行业，内容涉及信息、交通、城建及旅游发展等。史国祥认为会展业是企事业的实体结合，这些企事业是以会展和服务为职业。本书认为会展业是会议业与展览业的总称，隶属于现代服务业，是生产性服务业的重要组成部分。根据《服务贸易总协定》的规定，会展业属于职业服务范畴。

会展业主要提供以下服务产品[1]：

（1）策划和举办各种规模、各种性质、各种目的和各种层次的国际和国内会议。

（2）策划和举办各种规模、各种性质、各种内容和各种形式的国际和国内的展销会、展览会、交易会和博览会。

（3）策划和安排各种规模、各种目的和各种层次的奖励会议和奖励旅游活动。

（4）策划和举办各种规模、各种性质、各种目的和各种内容的节事活动。

（5）提供上述各项会议、展览、奖励旅游和节事活动所需要的各种场馆和设施及其配套的内在服务。

（6）安排和提供上述会议、展览、奖励旅游和节事活动的参与者所需要的并能令人满意的住宿、餐饮、交通、游览、娱乐、购物等各种生活接待服务。

2011年11月起执行的国家标准《国民经济行业分类》（GB/T 4754—2011）规定，"会议及展览服务"属于商业服务业大类，其行业代码由L7491（《国民经济行业分类》（GB/T 4754—2002）规定）改为L7292，对"会议及展览服务"进行界定："指为商品流通、促销、展示、经贸洽谈、民间交流、企业沟通、国际往来而举办的展览和会议等活动。包括下列会议及展览服务：

——（会议服务）

——国际会议服务：国际组织及政府机构会议服务、国际专业会议服务；

---

① 金辉：《会展概论》，上海人民出版社2004年版，第6页。

——国内会议服务：党政会议服务、专业及业务会议服务、科研学术会议服务、其他国内会议服务；

——会议中心服务；

——（展览服务）

——博览会服务：综合博览会服务、专业博览会服务；

——专业技术产品展览服务：电子、通信产品展览服务、汽车展览服务、机械设备展览服务、其他专业技术产品展览服务；

——生活消费品展览服务：食品展览服务、服装展览服务、家用电器展览服务；

不包括：

——以对外提供住宿服务（提供给散客、团组的旅游、出差、商务、休闲等住宿）为主的会议中心，列入 61（住宿业）的相关行业类别中；

——文化、艺术、科学、自然等展览和博览会活动，列入 8750（博物馆）。"

因此，笔者认为，会展业是指以会展活动为核心，为会展活动提供策划、场地、组织和协调、服务的企业集合，是专门从事会展业务的部门和单位，包括会展行业协会、展会组织部门和企业、会展策划公司、会展场馆、展示设计公司、展览工程施工公司、展具制作公司、会展运输公司、会展广告公司、会展专业媒体、会展旅游服务公司等。

本书借用王永刚的观点，认为会展业涵盖会展策划类企业、会展场馆类企业和各类会展服务类企业。

（二）会展业的特点

作为一种特殊的服务业，会展业具有综合性更强、关联性更广、收益率更高、引导性突出的特点。

1. 综合性更强

会展业是全球化浪潮下催生出的一种新的经济形态，是生产要素突破地域限制、加速流动的产物。会展业需要依托于一定的地域空间，连接生产和流通两大领域，涉及众多行业，是一种多要素、多产业融合、多维扩张的新型经济形态，是一个综合性、集约性都非常强的、复杂的、动态的、综合的产业系统。

2. 关联性更广

会展业需要有高效率、高质量的配套服务作支撑，关联产业众多，联动性强。会展业的辐射功能正是源于其强大的关联带动性和渗透性，也是其关联性的直接体现。会展是连接生产和流通的最直接形式，同时还会受到生产和流通的影响。会展业的产业关联度高、产业链长，不仅需要依托多种产业为基础，也会反作用于所依托的产业，从而形成多边性的经济形态。

3. 收益率更高

一般而言，会展业的利润率在 20%—25%，是一个高收入、高盈利的行业。德国组展商每年的营业额高达 30 亿欧元左右，对宏观经济效益的贡献达到 235 亿欧元，并为社会提供了约 23 万个工作岗位[①]。除了经济效益外，会展业对于区域形象的优化与提升、居民素质的锻炼与提高、区域文化氛围的良性建设等方面，都发挥着十分重要的作用。

4. 引导性突出

会展活动具有展示现有成果、创造未来新成果的目的及功能，使得会展成为一种交流和展示平台，必然展示行业领域的新进展、新成果、新动向和新趋势，自然会吸引、聚集各个领域最新的信息，从而使它对行业及社会生活具有引导作用，因此会展业被称为城市发展的"晴雨表"。

（三）会展业的发展要素

影响会展业发展的因素多且具有模糊性，大致可以分为以下几类：①会展业内部要素，主要体现为展馆展能、展会规模和展商实力；②环境要素，如地理区位、文化背景、国家政策等都会影响会展业的整体实力；③产业要素，如产业基础（区域优势产业或特色产业）、相关配套及关联产业的发展程度等；④经济总量，如全国 GDP 总量、以制造业为代表的工业总量、以旅游业为代表的服务业总量、以国际贸易为代表的流通总量等。一般来说，一个国家的会展实力取决于由上述各种影响因素组合而形成的综合力量。

（四）会展业资源及其整合

资源整合是依据系统论的思维，通过组织、协调，把市场上分散、零散、闲散的各种资源和关系凝聚成一个大平台，达到资源共享，协同发展的目标。会展业资源整合即会展业资源有机地融为一体，关键在于对会展

---

① 张敏：《中外会展业动态评估年度报告（2012）》，社会科学文献出版社 2013 年版，第 50 页。

业资源给予不同的层次定位，使优势互补，互为依托，开展错位竞争和加强合作，减少和避免会展业资源的相互替代，从而满足参展商、专业观众、公众、主办方等不同主体、不同角度、不同层面的需求。

王永刚认为会展业资源应以企业为资源载体，将会展业资源归纳为四类：会展策划类企业资源、会展场馆类企业资源、会展服务类企业资源和公共资源。会展业的发展，需要专业的会展场馆、会展策划企业、各类会展服务企业以及政府的支持。同时，会展业发展也离不开参展商与参展观众。

如果将会展市场作为一个独立的市场看待，以企业为资源载体的会展业资源更能够代表会展市场的经营主体，而参展商和参展观众（无论是以企业形式或者个人形式参加）可以代表会展市场的需求主体。与此同时，参展商与参展观众还存在一定的供求关系。由此可见，会展业资源涉及双重的供求关系和多重的利益主体，会展业资源的质量不仅取决于这些主体的质量和它们之间的关系状态，也会影响这些主体的运营及关系状态。因此，会展业资源整合就变得异常复杂，其整合所表现出的集群化特征①也势必需要遵循产业生态化和区域生态化的原则，这无疑为会展集群经济与临空经济协同发展提供了思路。

（五）会展业的发展模式

任何行业在发展到一定阶段后都会形成一套定型化、体系化的发展模式，会展业也不例外。国际会展业已经有150多年的发展历史，在此过程中，形成了几种主要类型的会展发展模式，有政府推动型、市场主导型、协会推动型和政府市场结合型四种成熟的运作模式（见表4—1）。

目前我国会展业实行审批制，政府拥有办展主体的决定权。我国会展业的运作采用具有中国特色的行政干预模式，有强烈的行政干预色彩。政府担当主要从业者、管理者甚至可以直接作为市场主体进行市场活动。随着会展业的快速发展，区域合作、集群发展成为国际会展业的新发展趋势之一。我国会展业也逐渐形成产业带集中化的趋向，五大会展经济地带基本形成，通过区域内城市之间的信息交流，从而实现资源共享、优势互补、强强联合、合力共赢。在五大会展经济地带中，由于东北会展经济地带、中西部会展经济地带的区域联盟刚刚起步，清晰的发展模式尚未形

---

① 王永刚：《集群化视角下的中国会展业资源整合》，上海财经大学出版社2010年版。

成，而长江三角洲会展经济地带、珠江三角洲会展经济地带以及环渤海会展经济地带已经形成比较成熟的清晰的发展模式。

会展经济是一种以会展业为发展核心，并以此来带动一个城市、地区乃至国家经济发展的综合经济活动，会展经济是以会展业及其相关产业为支撑的产业经济类型。20世纪70年代，会展业达到国际性的产业规模。

表4—1 会展业的主要发展模式

发展模式	模式主体	展会主要特点	会展各主体方的关系及任务 政府、协会、会展场馆、会展策划企业、会展服务企业	代表性国家
政府主导型	政府	全国性、唯一性、权威性	政府为主，把控宏观环境，制定本行业的法律法规，基础设施建设，创办国家级展会，负责政府资金使用	德国、新加坡
市场主导型	企业	竞争性、自主性、营利性	主要依靠行业自律，政府对行业提供间接支持，企业进行高效的市场化运作	美国
协会主导型	协会	民间性、非营利性、服务性	协会为主，制定行业规范，协调管理，行业数据调研，人才培训，资质评定	澳大利亚
政府市场结合型	政府、企业	市场性、服务性、综合性	在市场推动下，政府参与管理，企业参与国际竞争，创立品牌、专业化展会，注重展会质量和效益	法国

资料来源：根据网络资料整理。

第二节 会展业的创新

国内外学者普遍接受会展业对其他相关行业的联动效应是1:9的说法，这样一个具有积极性的行业亦得到了相当的重视。对于城市会展业的发展及创新进行梳理，能够为会展业的发展提供很多参考和依据。

一 会展产业链整合

会展产业链概念有狭义和广义之分。

狭义的会展产业链即会展核心产业链，实际上是由产业环节上各参与方连接在一起的一条产出链、利益链，反映出会展业的主体方（组展商、招展商、代理商、场馆、参展商、参观者）和相关方（广告、运输、装修、餐饮、通信、旅游等行业）联合起来所形成的推动经济发展的产业关系。经营同一展会的策划企业、场馆企业、服务企业，其生存和发展都离不开展会共同的声誉，在利益上互相关联、互相依存。当然，同一条产业链上的不同主体之间利益的依存性并不能掩盖其利益的矛盾性，业内各主体的收入分配仍然存在结构性矛盾，也就是说企业之间还存在激烈的业内竞争。会展业内在的是一种竞争与合作并存的关系，因此，会展产业链整合正是发挥合作优势的同时避免竞争的有效手段。

会展产业链可以划分为上、中、下游环节，其产业链结构图如图4—1所示。会展产业链整合可以有横向整合、纵向整合以及混合整合。

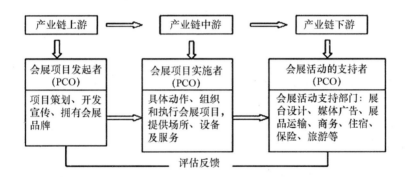

图4—1 会展产业链结构

资料来源：钟春玲、庞华：《基于产业链视角的会展人才培养模式探究》，《经济研究》（学理论）2010年第3期。

广义的会展产业链不仅包含会展核心产业链，还集成了住宿业、餐饮业、物流业、通信业、金融业、咨询业等多个业态的配套服务链以及海关、消防、检验检疫、卫生等多部门的支持服务，从而形成会展产业链系统[①]。

因此，会展产业链整合可以是狭义的会展产业链整合，也可以是广义的会展产业链整合。

---

① 王永刚：《集群化视角下的中国会展业资源整合》，上海财经大学出版社2010年版，第75页。

二 会展产业链延伸

产业链是一种或几种资源通过若干产业层次不断向下游产业转移，直至到达消费者的路径。产业链包含价值链、企业链、供需链和空间链四个维度。产业链的实质就是不同产业的企业之间的关联，是各产业中的企业之间的供给与需求的关系。随着会展业分工的深化，会展产业链条逐渐形成并不断延伸。目前，会展与旅游、航空产业的融合趋势已经十分明显。因为航空、旅游与会展均是联动性非常强的活动。会展、旅游和航空活动之间互动发展所带来的行业放大效应，随着时间的推移日益显现。会展和旅游已经越来越离不开航空公司的支持，而一些大型航空企业集团本身已经涉及了会展和旅游市场，完成了自身与会展行业和旅游行业的资源整合。

航空与会展、旅游的联动发展可以更充分地利用当地的资源，扩大对外的影响力和知名度，全面地促进当地经济、社会、文化的繁荣与发展。

三 会展业"五化"进程

会展业无论是作为工业的附属产业，还是作为独立的现代服务业，其发展都必然符合经济全球化和全球经济一体化的发展趋势，并融合到这个大浪潮之中。在这种大潮的冲击下，会展资本运营、参展商的来源、参展观众国别所体现的国际化趋势日益明显，会展市场国际化、会展竞争国际化的趋势不可逆转，会展业表现出国际化、专业化、品牌化、虚拟化、生态化的国际性特点。

国际会展业从综合展向专业展转化的趋势，改变过去的"大而全"转为"特而专"。同时，展会只有创出品牌，一届一届地持续办展，才可能盈利，而一项展会要获得持续、健康的发展，就必须寻求经济效益、社会效益和生态效益的统一，即会展业的生态化发展。

展会品牌化发展往往与城市形象的塑造紧密结合。当提到某一品牌展会时，人们往往会直接联系到一个具体的举办城市，而由此受益的城市也会将该展会作为其重要特色及亮点加以宣传，从而形成了品牌展会与城市形象的有机结合，形成了展会品牌化向会展城市品牌化的发展。

虚拟会展（Online Exhibitions，Virtual Exhibitions，Virtual Expo），采用先进的技术手段，使得展会突破原先地域等诸多条件限制，为会展行业的创新和二次竞争提供了技术基础。相对于传统会展（Physical Exhibition, Traditional Exhibition）而言，虚拟会展借助虚拟展现，即依托多媒体新技术，系统地提供三维仿真的展城、展厅、展台、展品等展示内容，互动性更好，可操作性更突出，现场感更强，给参观者一种直观的、全新的体验。同时，虚拟会展借助互联网优势，具有更广泛、更持久、更节省、更高效、更环保的特点。虚拟会展是会展业国际化的重要形式，同时亦是会展业国际化进程的重要推手。

四　会展集群经济展现

一条会展产业链往往是围绕某一主题，借助场馆等设施，以所在区域的产业基础为依托，形成以人流、物流、资金流和信息流相互交融的价值链内核。在此链条上，各利益相关方是一种竞合关系。一个区域内会同时存在多条会展产业链，演化成庞大的会展经济。随着会展经济的繁荣，以及其所依托的区域经济的发展，会产生会展城市集群和会展企业集群，使会展经济表现出明显的集群经济特点。

（一）会展城市集群

会展城市集群以区域经济为依托，以产业优势为特色，以一体化交通为基础，彼此竞争，相互协作，既依靠集体的力量吸引更多的会展资源，共同把区域市场做大做强，又强调优势互补，在差异化经营中避免恶性竞争和重复建设[1]。在此方面，欧洲的会展城市集群优势明显，德国188个城市中有49个是会展城市。我国会展业亦形成了长三角、珠三角、环渤海三个会展城市集群，东北、中部、西部三个会展城市带和海西、海口两个会展城市圈。会展城市集群的形成是会展业以城市为单位进行竞争的突出表现，亦是会展城市品牌化的重要基础。

（二）会展企业集群

集聚效应是经济活动的普遍规律。会展业发展也像制造业集群一样，围绕共同的产业，会吸引大量相关企业集聚，形成会展业的分工协作产业链。会展策划企业、会展场馆、会展服务企业是会展核心产业链的三个主要组成环节，以核心产业链环节为中心的会展企业集聚在全球许多地区都

---

[1]　中外会展业动态评估年度报告课题组：《2011年全球会展业：整体复苏与局部跃进》，载张敏《中外会展业动态评估年度报告（2012）》，社会科学文献出版社2012年版，第27页。

有呈现，如全球组展商 27 强集中在欧洲和美国①，展馆集聚现象更加突出，全球十大顶级场馆德国占 4 个、法国占 2 个，意大利、中国、美国、西班牙各 1 个。会展企业的集聚为该城市和地区的会展经济集聚奠定了基础，也成为会展城市集聚的基础和内生动力，是会展城市实力和会展国力的重要指标，如德国在世界上营业额最多的 10 家博览会举办者中占据 6 家。

无论是会展城市集群，还是会展企业集群的形成，都是会展产业发展到一定阶段的产物，也是经济系统发展到一定阶段的产物。会展集群经济的出现不仅表明区域会展业的繁荣，也代表着城市经济发展到了一个更高的阶段。

五　会展业趋向临空化

由于会展业国际化、集群化、虚拟化和产业链整合的创新，以及航空枢纽能够为会展业带来的便利和巨大的客流、物流，会展业临空化的必然性清晰可见；另外，从实证研究的角度来看，会展业呈现出临空化的趋势客观存在。会展业临空化具体表现在会展场馆临空化、会展企业临空化、会展资源临空化以及会展业与航空运输业的一体化等方面，这些将在下一节进行详细论述。

第三节　会展业临空化的特点

航空港区的集聚性主要表现在空间上，形成了一个以机场为核心的产业收敛圆心地带，越距离圆心近，产业越具有港区优势。同样地，距离圆心较远的地区就会通过提高时间收敛性来弥补其所失去的优势。会展业借助航空运输的空间收敛性和时间收敛性特性，在机场及周边得到了极其快速和明显的发展优势，呈现出一系列的临空化特点。

一　会展场馆与机场距离缩短

交通枢纽作为一种特殊的资源，具有不可流动性和垄断性，会展业如

---

① 中外会展业动态评估年度报告课题组：《会展国力与会展城市实力》，载张敏《中外会展业动态评估年度报告（2012）》，社会科学文献出版社 2012 年版，第 48 页。

果需要凭借交通枢纽的优势，必然要围绕交通枢纽配置会展资源。会展场馆是会展业发展的基础性硬件，会展业对场馆选址有着很强的要求，会展场馆的选址同时还要与城市功能布局相结合。受到航空经济发展的催发，会展业要充分利用已有的要素流，吸引其他要素在该地区集中，必然将会展场馆建立于距离机场较近的位置，压缩空间距离；即便是受到空间限制无法进行近距离选址，也会通过完善的交通运输体系与机场相连接，从而实现时间上的压缩。

从实际情况看，会展场馆的选址、建设也的确在向临空经济区内或周边集聚，特别是新建场馆，此特点更加明显。从世界范围来看，很多大型机场周边都有会展中心，特别是会展业发达城市，其机场、会展场馆、酒店、宾馆、商务中心、休闲娱乐中心等设施配套完整，可以为展会活动和旅客提供服务，时间距离、空间距离得到更大限度的压缩，也最大化地发挥了会展场馆对会展经济的推动作用，进而发挥会展经济对临空经济的促进和区域经济的积极影响。如德国著名的会展城市杜塞尔多夫，其会展中心离当地机场仅 3 公里，通过便捷的交通连接，保证了会展活动的正常开展。又如对我国临空经济区①的会展场馆进行统计，会展场馆集聚具有明显的临空化特点（统计数据详见附录一，表 1：我国临空经济区统计，表2：主要场馆距离机场距离的统计）。

二　会展企业临空集聚

除了会展场馆的临空化发展特点外，会展策划企业和会展服务企业的临空化也十分必要。会展活动需要在目的地开展，具有地理分布的集聚性。围绕会展活动而形成的会展产业链，将地理上接近、业务上相互补充的会展企业整合在一起，围绕着产业链中的一个旗舰企业，共同开发市场，从而达成共享基础设施、人力、技术和信息等资源。临空经济区的优势为会展企业的发展提供了良好的条件，企业在地域上的集聚能够使它们以较短的共同渠道、快速和持续的信息流动获得更大、更精准的利益，使会展业和相关产业互利互惠，并强化企业对外界变化做出灵活反应的能力。临空经济的巨大吸引力和发展潜力也必然会引来各个相关行业的优势

---

①　本书研究的临空经济区是根据曹允春《我国现有临空经济区及其规划》列出的 52 个临空经济区进行相关指标和数据的统计而开展的。

企业在该区域落户，带动该行业更多的企业参与经营，从而形成企业的空间集聚，当然会展业也不例外。

三 会展业发展要素临空化

会展业的发展要素包括内部要素、环境要素、产业要素和经济总量四个方面。会展场馆、会展策划企业和会展服务企业的临空化特点表明会展业发展对于航空运输的高度依赖。同时，随着临空经济区的建设，发展会展业所需要的交通设施、通信设施、酒店、餐饮、购物、娱乐、货运、金融、保险、房地产等方面得以发展，配套服务更加完善，政策体系更加健全，环境要素更趋优化。临空经济的发展还造就了一些工业集群、农业集群，临空经济区产业基础、相关配套及关联产业的发展更趋成熟，会展业发展所需要的产业基础更加深厚，特色也更加突出。临空经济区的经济总量更具明显优势。这些都将对会展企业产生巨大的吸引力，而且会展企业的加入还能够促进公共资源的优化和提高资源的利用效率。同时，临空经济的形成还必须依托强大的腹地经济，会展业发展要素的临空化还可能表现为腹地要素与临空经济区要素的互相结合和协同发展。

四 会展国际化依赖机场的枢纽地位

临空发展的会展业，其国际化程度是与其所依托的枢纽机场的国际化程度正向相关的。枢纽机场可以划分为四种类型（见图4—2），依据其功能定位，完成不同的任务，也发挥着不同的作用。

按照国际惯例，国际性展会要求参展商和专业买家必须超过30%是国外的参展企业和买家，有20%的宣传推广费用须用在国外。这就决定了会展人员、展品、宣传资料等一系列因素的运输范围及广度。航空运输的便捷性、舒适性、长距离运输特点，不仅是海外参会企业的首选，其航空运输配套服务及实施的国际化水平也直接影响展会对参展商和参展观众的吸引力。机场的国际化程度越高，国际性航线网络越发达，配套服务体系越完善，服务设施国际化水准越高，对参展商参展及展品运输的手续及服务上就会越方便，就能够更广泛地吸引全球各地的参展商参展，其展会规模及影响就会越大，展品就会越丰富，其所构筑的沟通和营销平台就会更高更大，也会吸引更多更广泛的专业观众和一般观众参加展会，从而促进会展的国际化发展。

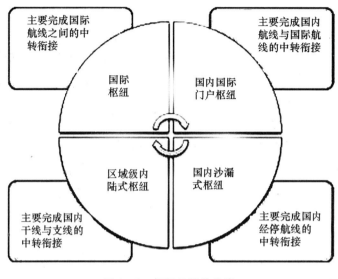

图4—2 枢纽机场的分类

资料来源：根据连玉明：《中国临空经济发展报告（2014）》，社会科学文献出版社2014年版整理。

第四节 临空会展业

临空会展业是会展业临空化发展和临空产业优化的共同结果。在临空经济发展的初期，认识到会展业优势的地区，依托其资源优势和交通优势将会展业确立为主导产业，以主办展会带动经济增长，产生了大量的临空会展活动。当发展到一定阶段，依托临空优势举办的临空会展更加专业化，一条条临空会展产业链逐步明晰，就会形成临空会展产业。随着临空经济进一步发展，临空会展业的关联效应和乘数效应更加突出，吸引力也更大，临空会展业集群形成，甚至可能表现出虹吸效应。从临空会展活动，到临空会展业核心产业链的构建，再到临空会展业集群的出现，也是临空经济发展不同阶段临空产业不断优化的过程。临空会展业是会展经济与航空经济协同发展的有效路径，其概念体系的构建和发展特点具有重要的基础性作用。

一 概念体系

综合运用相关理论，辨析会展经济、临空经济形成和发展的条件及要素基础，辨明会展经济与临空经济的协同关系，包括会展经济与临空产业优化的逻辑关系，会展经济与临空产业集群的辩证逻辑关系，会展经济与临空经济区演进的内在逻辑关系，会展经济对临空经济的依托关系，会展经济的运行与临空经济模式选择的内在关系，会展经济的载体与临空经济功能区选择的逻辑关系。

（一）临空会展

临空会展是会展业临空化发展的初级阶段和形式。临空会展活动依据临空经济的发展要素和特色产业而开展，依托临空产业集群开发专业展会，并在会展服务的全过程（会前、会中、会后；或是展前、展中、展后），充分发挥临空经济区的软硬件优势，在展会现场的租赁、广告、安保、清洁、展品运输、仓储、展位搭建等专业服务，以及餐饮、旅游、住宿、交通、运输、地方特产等相关行业的配套服务中依靠临空经济区的资源进行运作。

（二）临空会展业

临空会展业是以临空会展活动为核心，为专业展会活动提供策划、场地、组织和协调、服务的企业集合。这些企业不仅在地理位置上集中位于临空经济区，更重要的是它们是以临空产业为服务对象，专门从事航空指向性较强的展会服务，形成专业的临空产业展会组织者、会展策划公司、会展场馆、展示设计公司、展品运输公司、广告公司以及旅游服务公司等。

（三）临空会展业集群

临空会展业的发展依托会展场馆集聚在距机场较近的空间。由于航空运输的高速度、便捷性，使得社会经济活动在相同距离之间的运输时间缩短，社会经济活动的空间得到极大拓展。以临空会展场馆为依托的临空会展业，其对资源的聚集、共享、重组和扩散效应更强，在机场及周边地区会吸引大量与其关系密切的行业、企业及支持性机构，从而形成一个更加庞大的产业组织系统——临空会展业集群。事实上，临空会展活动的开展，临空会展业发展的支撑条件以及会展业自身具有的关联性、根植性特征，促使临空会展业更易形成资源的集聚，即临空会展业的发展趋向于临空会展业集群化。

临空会展、临空会展业、临空会展业集群三者之间的关系可以用恩图（Venn Diagram）进行表示（见图4—3）。其中，临空会展的范畴最广，并且有泛化的趋势；临空会展业集群以会展业产业链系统为依据，形成比较庞大的多形态产业系统，而临空会展业是以会展核心产业链为基础，可以包含在临空会展业集群的范畴之内。

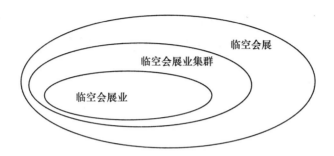

图4—3 临空会展、临空会展业与临空会展业集群的关系

二 临空会展业发展特点

临空会展业的发展必然趋向于集群化，临空会展业集群既包括临空会展业内部的联系（会展核心产业链），也包括临空会展业外部的关联（会展产业链系统）。临空会展业集群是临空会展业发展比较成熟的形态，其关联性、综合性更加突出，协同效应更加明显。

（一）集群根植性及自我强化

集群经济是临空会展业发展的内生需求和内在动力。根据剑桥大学系统研究所对航空相关产业的划分，会展业显然属于越来越集中的产业[1]，也就是说会展业在空港邻近地区的发展具有集聚效应，临空会展业集群是临空会展业发展的必然形态。

根植性[2]（Embededness）是一个社会经济学的概念，是指构建在地方社会结构之上的，企业（集群）的各种网络关系和企业活动对地方的归属性。临空会展业提供的主要产品是无形的，并且产品的生产过程即产品的消费过程，人的主观因素影响较大，因此，集群内的社会文化氛围（根植性）就起到了重要作用。根植性概念特别强调企业间非贸易的相互

---

① 1993年，剑桥大学系统研究所把航空相关产业划分为"非常高度集中的产业"、"高度集中的产业"、"中等集中的产业"、"越来越集中的产业"四种类型，其中并未明确列出会展业，但是旅行社被列为"越来越集中的产业"。

② 卡尔·波兰尼（Karl Polanyi）在20世纪中期首创"根植性"这一概念，Johannisson将根植性区分了三个层次：一是指企业与企业之间的关系；二是指企业与社会机构之间的关系；三是企业通过社会经济机构间接与国家联系起来。

依赖，强调经济行动的社会和文化根植性，即企业（集群）必须扎根于当地的社会文化，而有活力的社会文化环境保证了经济活动和技术创新的持续发展。由链群关系形成的临空会展业集群，一旦企业认识到集群的竞争优势大大超过单体企业的力量时，相互合作就是一种自然的选择。

临空会展业所在的临空经济区具有创新环境优势，临空会展业集群一旦形成，就能够通过发挥其外部规模经济和外部范围经济的优势以及区域创新环境优势，促使集群内部新的企业衍生，同时还会增强对集群外部企业的吸引力，使得集群的规模不断扩张、优势持续积累，体现出一种"路径依赖"和"螺旋式上升"的自我强化过程。

（二）全球价值链[①]视角

产业集群和价值链这两种生产组织模式都为企业的升级和现代化提供了好机会。临空会展业的国际性特点十分突出，集群经济是其发展的内在动力和内生需求，要求临空会展业必须嵌入全球价值链的竞争中，从全球价值链体系中寻求当地企业和产业集群的竞争优势，从全球价值链的视角考虑临空会展业集群的治理和发展。

会展业是现代生产性服务业的重要一支，会展业与旅游业的融合已成定局，会展业与航空运输业的纵向一体化也备受关注，会展业与临空产业的融合同样具有相当充分的基础。临空会展产业链是一个复合型的产业链，原有产业链中的各个环节对价值创造的贡献将会被重新界定。临空会展业集群以中小企业为主（并不意味着没有大企业存在），以柔性专业化运作适应市场的瞬息万变。临空会展业集群的形成和发展离不开与全球价值链进行耦合，临空会展业集群嵌入全球价值链才能有效发挥其优势，更好地带动临空经济的发展壮大。

（三）协同优势显著

临空会展是以完善的基础设施为支撑，会展业和相关临空产业的通力合作为重要条件，以举办各种形式的会议、展览为前提，吸引大批参展企业及观众并为之提供服务，进而带动临空产业的发展。临空会展可以是会展业和临空指向性最强的产业之间的结合，也可以是会展业与临空指向性

---

① Gereffi 提出了全球价值链（Global Value Chain, GVC）的基本概念及基本理论框架，并将全球价值链理论引入地方产业集群升级的研究中，指出产业集群应沿着全球价值链进行升级，认为发展中国家可以通过嵌入全球价值链获得升级，并将产业升级划分为四个层次：企业内部的升级、企业间的升级、本地和国家产业升级和跨区域升级。

较强或者较弱的产业之间的结合，可以是综合性的展会，也可以是专业性的展会。

在全球经济一体化的背景下，竞争优势已经超出了单个企业自身的能力和资源范围，它越来越多地来源于企业与产业价值链上下各环节的系统协同中。或者说，现代企业的竞争已经演绎为企业所加入的产业价值链之间的竞争。临空会展是由会展业与相关临空产业的共同环节复合而成的产业链。临空会展产业链的形成，意味着单个产业链相互独立又相互依存的环节的优化，临空会展业能够更好地实现临空核心产业的非核心业务的服务外包，并且有助于会展核心产业链内企业提升核心竞争力，获得协同优势。

（四）促进临空产业优化

根据临空产业的划分，会展业归属于临空关联产业，在临空经济区内与空港关联密切，已成为临空经济区开发的重点。不同的临空经济区，以及临空经济区的不同发展阶段，其临空产业选择及其结构都会存在差异。随着临空经济发展趋向成熟，临空产业及其布局不断优化。临空会展业的发展，有助于临空产业在保持和提升各自核心竞争力、发挥各自优势、共享各种资源基础上，避免互相交叉的低效率运作，从而形成一种更优化的产业关系。因此，临空会展业以其强大的自我强化和协同效应，促进了临空产业的整合和优化，成为临空经济发展的必然选择（实证研究和案例研究能够更好地证明这一现象）。

（五）龙头企业与中小企业协同共生

新加坡的会展市场十分开放活跃，但不混乱，举办展览活动的大多为跨国公司。因为在自由竞争的市场环境下，展览行业风险较高，同时重视规模效益，中小公司的实力有限，很难与跨国性的大型展览公司抗衡。但在展览配套服务行业，如展位搭建、展具增租、展览运输代理等领域，商业风险较低，经营的公司很多，且多数为中小企业。新加坡展览市场的份额中，7家较大的展览公司占了很大的比例，如新加坡展览服务私人有限公司、杜赛尔多夫展览亚洲有限公司、励展博览公司、新加坡国际会展投资公司等。其中举办展会数量最多，展出面积最大的是新加坡展览服务私人有限公司，是新加坡最大的展览公司，占新加坡展览市场份额的近1/3。

励展集团是全球最大的展览公司，其亚洲总部就设在新加坡。励展集团每年举办的大型国际展会近 500 个，展会不仅规模大，而且都具有一定的地区影响力，为来自世界近 20 万家参展商及近千万家采购商创造了商机。

本章小结

本章从会展、会展业的概念辨析入手，对会展业的内涵、功能、特点、发展要素及发展模式进行了比较详细的论述，是本书研究的重要理论基础。会展业在不断地创新，体现为会展产业链整合、会展产业链、会展业的"五化"进程、会展集群经济的特点以及会展业的临空化。本章对于会展业的创新，特别是对会展业临空化的分析是本书的一个亮点，在此进行理论上的分析描述，与第六章、第七章的实证研究及案例研究相互补充，突出表明会展经济与航空经济协同发展的主要表现。

本章所构建的临空会展业概念体系，包含临空会展、临空会展业和临空会展业集群等几个不同的范畴，这些概念之间既有联系又有区别。临空会展业概念体系的构建，是对会展经济与航空经济协同发展的表现形式的一种描述，但不是唯一一种形式。临空会展业的发展具有集群根植性及自我强化的能力，是在全球价值链视角下的产业发展模式，其协同发展特点和优势都十分显著，成为临空产业优化的必然选择。当前，国内外许多学者从全球价值链角度研究产业集群问题，这为本研究扩宽了视野、扩展了思路。但是当下的主要研究集中于对制造业集群的探讨，这也为本研究提供了空间。

本书认为，临空会展业是会展经济与航空经济协同发展的有效路径，对于临空会展业发展建议的研究，本书结合郑州航空港经济建设为例在后续章节展开。

第五章　会展经济与航空经济
协同发展机理研究

会展经济、航空经济的理论研究都是当前的研究热点，关于会展经济、航空经济的发展要素、形成条件、发展机制等方面的研究为本书奠定了基础。本章拟从多个方面挖掘会展经济与航空经济协同发展的机理，探寻两者协同发展的基本内涵、良性互动表现、机制、模式，形成会展经济与航空经济协同发展的研究及应用框架。

第一节　两者协同发展的内涵

本书的第二章基于区位理论、产业集群理论、产业链理论、经济发展阶段理论、城市新区发展理论和协同发展理论的相关理论基础，对会展经济与航空经济协同发展的合理性、可行性、必然性进行了较为概括的论述，本节仍然以这些理论为基础，从要素共享、系统运作、规模收益、协同效应四个方面具体论述两者协同发展的内涵。

一　要素共享

要素禀赋是协同发展的重要影响因素。影响两者协同发展的主要要素有环境要素、内在要素、制度要素和人文要素，或者更具体地讲是区位条件、基础设施、行业条件以及特色优势。将会展经济与航空经济的发展要素进行对比，能够发现两者具有高度的相似性和共享优势（见表5—1）。

表 5—1　　　　　　　　会展经济与航空经济发展必备的基础条件

序号	发展条件	航空经济	会展经济	备注
1	优越的自然环境	√	√	区位条件
2	稳定的社会环境		√	
3	开放的文化环境		√	
4	活跃的政治环境	√	√	
5	发达的科技水平	√	√	
6	优越的地理位置	√	√	
7	丰厚的经济总量	√	√	
8	现代化的通信设施	√	√	基础设施
9	配套的服务及设施	√	√	
10	便捷的综合运输体系	√	√	
11	先进的会展场馆		√	
12	大型枢纽机场	√		
13	高素质的人力资源	√	√	行业条件
14	柔性生产方式的应用	√	√	
15	聚集的产业群落	√		
16	相关产业支撑		√	
17	倾向性的地区政策	√	√	
18	突出的特色优势	√	√	特色优势

从表 5—1 中可知，会展经济与航空经济在发展要素上趋同，二者协同发展共用的区位因素、基础设施呈多样性特点。对比可得，二者共用的发展因素多样，会展经济与航空经济都相当讲究发展因素的最优化，而且二者对发展条件的诉求又极为接近。因此，要素共享不仅仅是会展经济与航空经济协同发展的基础，更是两者协同发展过程中必须协调好的重要内容。

二　系统运作

会展经济与航空经济协同发展，不仅依赖会展产业链各环节、航空经济产业链各环节的内部系统运作，还必须依靠会展经济与航空经济共享资源和配套部门之间的协调配合和高效运作。

（一）核心要素系统运作

根据会展经济与航空经济协同发展的要素分析，两者在多种发展要素上都存在着同质性，会展场馆和枢纽机场的要素归属异质性恰恰反映出两者协同发展的关键点。会展场馆是会展活动得以开展的特定空间，会展场馆被誉为会展经济的"火车头"，是现代会展业的物质载体。一个区域会展场馆的展能，特别是室内展览面积先在地决定了展会的容量与承载力，预先决定了该区域展会活动的规模和潜在效益。同样地，机场是航空经济发展的物质载体，是航空经济发展的前提。

会展场馆与机场一旦建成，都具有不可移动性和垄断性，使得会展经济与航空经济的协同发展必须考虑它们在空间上的合适位置和合理布局。会展场馆与机场在各自的产业链条上都处于核心地位，它们和相关支持企业构成了复杂有序的网络关系，从产业链各环节的依存性来看必然是一项系统工程，需要相互协调，系统运作。

（二）各子系统密切合作

产业链形成的原因在于产业价值的实现和创造。会展产业链系统和航空运输产业链系统都具有环节多、产业链长，关联性、复杂性的特点，除了会展场馆和民航机场，还涉及航空公司、货代、快递公司、酒店、宾馆、商务中心、休闲娱乐中心等，各个子系统必须密切合作，才能实现会展经济与航空经济的有序协同。航空港作为航空运输业的核心要素，一方面为航空公司、客运旅客、货运客户、国民经济和地方经济等提供服务，另一方面带动商场、餐饮、住宿、旅游等产业的发展。同样的，会展场馆在支撑会展业发展的同时，还与旅游、文化产业融合，促进休闲娱乐、餐饮、住宿等产业的发展。近年来，由于宏观经济形势的剧烈变化，各种不确定因素增多，行业内、跨行业的竞争不断加剧，使得传统产业链各环节间的利益关系、主体关系、衔接关系等都发生了显著变化。这就需要各子系统建立更加紧密的合作关系，防止产业链系统出现脱节、断裂现象。

（二）合作机制协作化

会展业的发展，在为航空运输业带来大量的客流与货流的同时，也对航空运输业提出了更高的要求。航空运输的枢纽机场、重点机场，错综复杂相互交织的干线及支线航线，以及严密完整遍布世界各地的飞行网络，都是确保参展商和参展观众跨国出行的重要保障。相对于休闲旅客而言，以参加展会为目的的航空旅客，对于旅行的时间性、便捷性、舒适性的要求更强，这就要求航空运输的航线网络、航班时间、航行服务、货物报关、物品安全等方面都必须考虑会展业运营的相关规律，航空经济产业链条的各环节系统运作，为旅客提供更安全、更准时、更有效、更专业的服务。这显然不是依靠某一个机场、某一家航空公司或者某一个会展公司能够实现的，必须是同一会展链条上的所有单元建立有效的协作机制，或者是会展产业链网络与航空运输产业链网络之间的有效协作。

三 规模收益

根据输出基础理论，会展经济与航空经济的协同发展能够带来生产规模收益的递增。美国经济学家诺思（D. C. North）于 1955 年在其论文《区位理论和区域经济增长》中首次提出了输出基础理论。该理论认为区域经济的发展不是靠自身的积累，外生需求的扩大才是区域经济增长的主要原动力。

按照该理论，一个区域应该扩大对外出口，而会展的最根本功能就是加强贸易、扩大出口，能够促使外部需求的增加；航空运输不仅能够形成大量的外部需求，又为扩大区域外部需求、扩大与其他区域的贸易往来创造了条件。

按照该理论，外部需求的扩大，会带动区域内输出产业和服务业的发展，这又会反过来增强该区域的输出基础，将引起区域经济的成倍增长。显然，航空运输业为会展经济和航空经济的发展提供了基础性支持。

四 协同效应

一方面，航空运输航线直、速度快的特性为参展者节省了参展时间、方便了人员与展品的往返；另一方面，会展活动的跨国出行也为航空运输业带来了源源不断的客源和运营收入。民航运输与会展业之间的协作效应日益凸显。

（一）产业链整合

产业链整合是发挥合作优势的前提和基础，同时也是避免过度竞争的有效手段。

依据产业链理论，航空经济对城市和区域经济增长的贡献，主要通过临空经济区内航空运输业及相关产业与关联产业间的前向联系、后向联系和侧向联系，发挥区域乘数效应，带来区域就业或生产的增长。同样地，会展经济是会议经济和展览经济的总称，针对会展产业，围绕价格的波动和价值的流动，会展经济将不同企业连接起来，形成了一条集商贸、交通、运输、宾馆、餐饮、购物、旅游、信息为一体的经营消费链。围绕生产要素的流向，会展经济与航空经济在行业上中下游的供求关系之间存在多环节的共享，这一过程形成了要素流、资金流、人才流、信息流交织在一起的产业链条。这些产业链条中要素构成的多少、控制权的大小、链条的长短和粗细决定着企业之间的相互关系、产业结构的发展方向以及产业对其他行业的依存度和影响力，同时也影响着会展经济与航空经济的协同效果。

（二）正外部性

外部性是某个经济主体对另一个经济主体产生的一种外部影响。会展经济与航空经济都具有正外部性，一方面，航空运输业为会展人员、物品的空间位移提供了保障；另一方面，会展活动的跨国出行也为航空运输业带来了源源不断的客源和运营收入，并且带动区域经济的增长。随着会展业和航空运输业的相互促进发展，他们将会利用放大效应来谋取市场占有率和生产效益的最大化，航空运输业与会展业之间的协作效应更加凸显。

1. 航空经济的正外部性

会展需要将与会者或参展商聚集到某个约定地点，这就牵涉一个空间位移的问题。因此，会展目的地的选址往往成为一个会展活动能否顺利进行的决定性因素，而飞机凭借其在交通工具中无与伦比的快捷性成为最好的选择。航空运输航线直、速度快，为参展人员节省了参展时间、方便了参展人员与展品的往返。随着航空企业之间的竞争日益激烈，很多航空公司将产业链向前延伸，把会展和奖励旅游作为一项重要业务来抓，并通过实行差异性服务来提升顾客满意度。会展企业也利用和航空运输业之间的一体化关系来促进自身的发展，如酒店、物流等硬件设施和服务。许多航空公司还会配合会展企业进行促销宣传、申办会议、为组织者提供免费机票等，甚至一些航空公司还会配备专职的奖励旅游或者会议与展览的策划人员，由他们列出所能够提供的服务项目，这些都为会展业的发展提供了所需要的支持。

2. 会展经济的正外部性

会展活动的进行，一个最直观的现象就是大量人员的流动。会展活动的信息公布，一旦受到外界的关注，人员流动就已经开始了，最主要的人员流动包括参展商的参展和观众的参观。在国际会展业发达地区，展览公司和航空公司都会有机地组成一个整体，一方面，方便了参展者的相关活动；另一方面，有利于吸引客源。会展与航空运输的结合带来了大量的外地游客与参展商、观众，特别是国际展会，距离远，采用飞机这一运输方式成为了最好的选择，国际展会参与人数众多，给航空公司带来大量乘客。

航空货运运输展品，具有方便、快捷、高效的优点，对于贵重、短小的展品运输越来越受展商的青睐。展品运输虽然占航空货物运输的一小部分，但随着航空运输的发展，会展业的发展，展品在货物运输中所占的比重在慢慢变大。相对于在展会期间由展品带来的直接货运业务，展会活动的举办对航空运输还会产生一种后续性、间接性的影响。展会参展商参与的目的主要是交易商品、展示产品、推广新产品等，最终目的是进行采购交易，在展会期间直接交易则相对较少。现在著名的大型展会中产品展示量大，在之后的交易量也非常大，后续的产品交易在选择交通运输方式时，依据产品的特性，很大一部分依旧会选择航空运输方式，同样增加了航空公司的货物运输业务量。

3. 对城市经济的正外部性

借助于会展经济与航空经济之间纵向一体化的关系，促进了两者之间携手共进、共同发展的互促进步局面，自身得到快速的发展，在带动其他行业发展的同时，促进了该区域经济的发展，并对城市在政治、文化及技术方面的促进作用十分显著。

全球经济一体化的发展增加了世界各国经济与贸易的相互依赖性，作为国际物流网络最重要的节点，空港已成为支持世界经济、国际贸易发展的国际大流通体系的重要组成部分，据经济合作和发展组织（OECD）估计，全世界的商品流通有超过 1/3 是通过航空运输实现的。成为连接全世界生产、交换、分配和消费的中心环节，在全球资源流通和配置中发挥着日益重要的作用。

（三）乘数效应

会展业、航空运输业都是城市经济发展水平提高的加速器，在城市经济发展过程中有很强的乘数效应。乘数效应是指一个变量的变动以乘数加速度形式引起最终量的增加。

1. 投资乘数效应

会展活动的举办、航空运输的实现，都离不开基础设施的建设。会展活动离不开场馆建设，航空运输离不开机场建设，随着会展经济与航空经济的协同发展，相配套的酒店、餐饮、娱乐、商购等设施建设都会加大投入，而基础设施的建设需要大量的资金投入，从而形成投资乘数效应。

2. 就业乘数效应

会展经济与航空经济的协同发展，同时还会带动建筑、餐饮、酒店等行业的发展，从而增加城市的就业，根据相关数据显示，会展的展览面积扩大 1000 平方米，城市就增加 100 个就业机会，这就形成了就业乘数效应。

3. 产业的乘数效应

会展业的产业带动系数比为 1∶9，航空运输业的投入产出比为 1∶10，二者都是具有长期发展前景的联动性行业。会展经济与航空经济的产业链条长、关联性强，两者协同发展，能够带动产业链系统的各个相关产业快速发展，一次会展活动会在短时间内为城市带来大量的流动人口，对城市的交通能力和接待能力提出严峻的考验，使得酒店业、餐饮业、零售业、旅游业、运输业等飞速发展，形成产业发展的乘数效应。

4. 消费的乘数效应

会展经济与航空经济的协同发展，有利于会展活动的举办，形成刺激消费的乘数效应。会展和航空运输不仅都具有很强的创新能力和辐射性，还都具有很高的关联度和极快的增长率，通常是一次活动（展会或者航运）会形成一条消费链，往往能够充分刺激该地区和周边区域的经济发展，能够直接推进相关产业的发展，从而带动国民经济的快速发展。

第二节　两者协同发展的外在表现

会展经济与航空经济协同发展，实质上是会展产业链与航空运输产业链的融合、交叉、延伸与整合的不同表现，可能侧重反映在会展业的链条上，也可能侧重反映在航空运输业的链条上，或者产生了新的现象，最终都会反映出对区域经济和区域发展的影响。

一　会展业的临空化

会展业的临空化发展不仅是会展业创新的主要表现，更是会展经济与航空经济协同发展的结果。从趋势分析，会展场馆、会展企业等会展业资源向机场靠近，越来越多的会展中心考虑在机场周边布局。临空经济区具备发展会展业所需要的交通设施、通信设施、酒店、餐饮、购物、娱乐、货运、金融、保险、房地产等配套设施、配套服务，政策体系更加健全，环境要素更趋优化。会展业高度融入全球价值链体系，国际会展成为会展业竞争的主要市场，从而使会展业更加依赖航空运输。这些在第四章的第三节已经详细论述，此处不再赘述。

二　航空运输业的前向一体化

会展方面的商务旅客群和货运业务，是各大航空企业希冀得到的市场，能够提高航空运输淡季时资源的利用率。对于航空公司来说，涉足会展行业，即是前向一体化，能够成功为自己揽到充足、特定的商务旅客群，能够争取到更多高附加值的货运业务，能够获得更多的旅客入住机会，能够增加航空运输淡季时各项硬件资源的利用率。通过会展这一渠道，航空公司能够更好地了解特定客户群的服务需求，从而设定更多的个性化服务，更好地为其提供差异化增值服务，也使得航空公司获得了更加充分、更加稳定的市场。

三　临空会展业蓬勃发展

会展活动是体现企业实力、谋求市场机遇、发掘潜在客户、寻找合作伙伴、扩大企业知名度和影响力的重要手段。会展规模和影响力越大，参展商的地域分散性会越大。参展商地域分散性越大，展品价值越大、科技含量越高、运输数量越小、时间要求越强，会展活动对航空运输的依赖性就会越大。随着民航运输业与会展业交集的不断扩大、加深，民航运输业与会展业呈现出协同发展的趋势。民航运输业和会展业的协同发展将会是这两个行业的一个新的发展模式，协同发展将达到双赢的效果。如亚特兰大在美国大都会区位列第九，并不是美国经济和人口最前沿的城市。但是，亚特兰大的哈兹菲尔德—杰克逊国际机场是世界旅客转乘量最大、最繁忙的机场，每年运送旅客超过9000万人次。同时，亚特兰大虽然没有全球顶级的会展场馆，也不是全球顶级组展商的驻地，但是却跻身国际会展三线城市的行列，显示出亚特兰大航空运输业与会展业的协同发展优势。

四　区域形象国际化

会展经济与航空经济的协同发展，实质上是国际会展业与国际航空运输业协同发展效果的扩展。借助航空运输的优势，通过举办国际展会，一方面，可以向世界各地前来参展、洽谈以及观展的旅游者宣传一个国家和地区的科技水平、经济发展实力，展示目的地城市形象，扩大城市影响；另一方面，可以通过这些海内外游客耳濡目染所形成的良好口碑提高城市的知名度和美誉度，进一步推动城市的繁荣，提升展会实力，提升航空服务的质量，从而吸引更多的参展人员。由此形成会展经济与航空经济协同发展的良好局面。

国际会展业与国际航空运输业的繁荣不仅代表着一个国家的会展业和航空运输业的发展水平，还是该国的经济实力、劳动力优势、基础设施等硬实力的展现，或者说是该国综合经济发展水平的展现；同时，国际会展业与国际航空运输业的发展还预示着科技创新、精神、形象、品牌理念等软实力的竞争，所展现的是一种国际形象，能够提高所在地城市的知名度、辨识度，被看作为一张名片、一个标签，代表着一个国家或地区的地位和定位。

五　航空经济生态化

从根本上讲，航空经济的发展必须遵循生态化、可持续发展的道路。航空运输业和会展业是临空经济区的主导产业，尽管会展业被称为"无烟产业"、"绿色产业"，但是在发展过程中，会展业与航空运输业都存在两面性，在给当地带来经济效益的同时，环境问题也会相应产生。航空运输依赖机场的选址与建设，而会展场馆是会展业发展的基本条件，这就在空间上对两者的协同发展提出了更高的要求。同时，在会展经济与航空经济发展的同时，也会产生物质消耗、噪声、废弃物等问题。由于存在以上阻碍可持续发展的因素，在会展经济与航空经济协同发展的过程中，实践者首先往往从源头开始，遵循可持续发展的理念，采用循环经济技术，重视物质的循环利用，提高资源的利用率，以求最少的物质消耗而获得最大的经济效益，并使废弃物的产生限定于最低值，如绿色机场、绿色场馆的规划与建设，以及航空经济各功能区的生态化建设，既注重经济效益和社会效益，也注重生态效益和自然环境保护。实践者逐步开发和发展低碳产业，实现临空产业的生态化。在航空经济形成的新区域，以硬件为依托，加强绿色消费宣传和绿色消费模式的引导，养成居民自觉的环保意识和绿色消费行为，从而促进航空经济的可持续发展。

第三节　两者协同发展的形成机理

会展业有很强的临空指向性，会展中心选址越来越向机场周边聚集，会展业已经成为临空经济区内重点发展的产业。会展业在促进区域经济发展过程中，还会促进相关产业的发展。利用国际机场的资源优势，积极发展临空会展业及相关配套产业，能够推进临空会展经济的极速发展。

一　形成的一般机理

会展经济与航空经济都不是单一的经济形式，而是在空间上能够带动无数产业发展的经济。曹允春（2013）明确指出，临空经济是航空经济发展的结果，临空经济是航空经济在机场周边的空间投影，是航空经济最突出的表现形式，两者都必须要以航空产业为支撑。航空运输业是航空产业的重要组成部分，也是航空经济的核心产业。同样地，会展业是会展经济的核心产业。因此，会展经济与航空经济的协同发展首先必须是会展业与航空运输业的协调发展（见图5—1）。

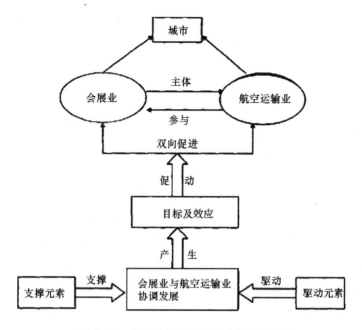

图5—1　会展业与航空运输业的协调发展

由于会展举办地是固定的，而参会者是分散的，会展业就成为空间位移的需求方，而航空运输业就成为空间位移的供给方，市场的需求和供给将两个产业紧紧联系在一起，形成会展业与航空运输业高度的关联性，实证数据也有所证明（见图5—2）。

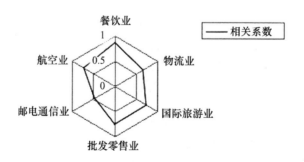

图5—2　会展业与其他主要产业关联度

资料来源：王玲玲、郑四渭：《后金融危机时代会展业发展对策研究》，《经济研究导刊》2010年第32期。

　　会展业的发展必须以场馆为基础，同样地，航空运输业也依赖机场的发展。以机场为中心的临空经济区不但包含机场的基础设施资源，也包含临空产业。以会展业为核心的会展产业链形成了会展经济，而以航空运输业为核心的航空产业链会形成航空经济。当会展场馆与机场在同一区域内选址时，由于会展业、航空运输业的高度关联性，大量的相关产业就会出现高度集聚，势必存在会展产业链和航空产业链的整合和融合，甚至直接出现航空运输业与会展业的纵向一体化。

　　会展业和航空运输业能够调用大部分社会资源，通过市场价值规律这只"看不见的手"潜移默化地影响着资源的配置，并且逐步地提高二者的资源配置升级，求全方位的服务和国际化，使社会资源得到合理配置，促进区域经济的发展。会展业不仅能够直接影响旅游、餐饮、零售、休闲娱乐、住宿、交通等产业，还可能影响材料供应商、医疗服务业、维修业、植物园等产业。随着国际会展或者较远地方展会的举办日益增加，航空公司为有效满足不同旅客的出行要求，联合起来形成更大的服务网络，为会展商务旅客提供更多航线和更便捷、高效的服务，不仅直接拉动航空经济的发展，也促进了区域经济的发展。航空经济的发展，还吸引大量高科技行业的聚集，知识网络和航空运输网络不断地交织在一起，加强了知识经济与航空经济的互动，促进了区域经济的快速发展。

　　会展经济和航空经济都能够促进区域经济的发展。当然，会展经济和航空经济的发展也必须以区域经济为支撑。研究表明，人均 GDP 超过4000 美元时，航空经济才能形成持续发展（见表5—2）。

表 5—2　　　　　　　　　　人均 GDP 与航空运输关系情况表

人均 GDP（美元）	社会运输要求
低于 1000	货运需求占主导，航空运输需求较少
1000—2500	客运量增长很快，货运量大，航空运输份额迅速提升
2500—4000	客运对安全、便捷和舒适需求提高，货运量增幅减缓，航空运输成为中长距离客运的主要力量，在综合运输体系中占据重要位置
超过 4000	客运需求更趋多样化，货运量保持稳定，航空运输与其他运输方式协调持续发展

　　资料来源：禄建恒：《民用机场情况简介》，转引自汤宇卿等：《临空经济区的发展及其功能定位》，《城市规划学刊》2009 年第 4 期。

　　协同发展具有多样性、公平竞争性、互促性的特征。会展经济与航空经济的协同发展，是以会展业与航空运输业的协同发展为核心，形成产业链的延伸与融合。产业链是由处于不同行业或不同行业阶段的企业构成的生产服务协作体系。依据产业链理论，同一产业中的企业往往选择产业链中某一个或某几个阶段作为自己的活动领域，同时与处于其他产业的企业形成生产服务协作体系。由于会展业与航空运输业天然的市场供求关系，处于会展产业链上的企业与处于航空运输产业链上的企业就会加强合作，通过技术、经济或社会法律关系相链接，或者直接开展其他产业链条的生产服务，以形成自身产业链的延伸。产业链上的每个环节都是一个价值增值过程，因为内在动力的驱使，每个企业都会自动选择自己价值增值最快的环节，从而促进了整条产业链实现最大的价值增值，会展产业链与航空运输产业链也不例外。会展企业与航空运输企业在选择自身价值增值的过程中，也带动了整个产业链的不断优化，促使会展产业链与航空运输产业链的相互融合，并且由此发挥乘数效应，最终实现会展经济与航空经济的协同发展，图5—3表明了会展经济与航空经济协同发展的一般机理。

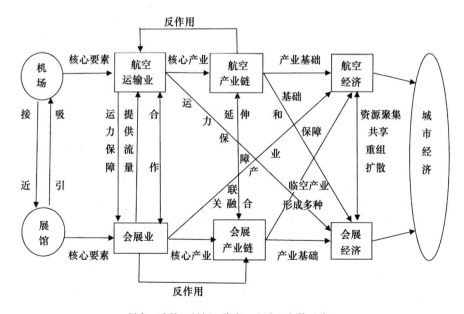

图5—3　会展经济与航空经济协同发展的一般机理

会展经济与航空经济协同发展是流量经济的必然结果，反映多种要素在流动过程中形成的协同效应。机场和场馆作为一种特殊的资源，具有不可流动性和垄断性，因而要素在机场和场馆地区的集中具有被动和结构单一的特点，其所产生的能量也很微弱，只有所在地区充分利用已有的要素流，吸引其他要素在该地区形成支持要素流，形成多样化、具有协同效应的能量流才能带动区域经济的快速发展。

二　两者协同发展的动力机制

会展经济与航空经济协同发展，需要会展业和航空运输业通过动力机制，追求高质量、高效率和国际化，促使市场运作和资源合理配置，促进城市经济的发展。各个动力因素只有相互发生作用才可能对经济起到推动作用，动力因素之间由此形成的作用过程或规律即动力机制。由于产业链发展不同阶段、不同环节的差异，动力因素的地位和作用有所差别，形成不同的动力机制。动力机制的作用效果与区域经济发展水平有关，在同一区域不同时期，同一种动力的重要性也表现得完全不同。会展经济与航空经济协同发展的动力机制主要分为基础动力机制、环境动力机制、自组织动力机制和创新动力机制，在两者协同发展的萌芽期、成长期和成熟期发挥不同的作用。

（一）基础动力机制

基础动力，主要指基础设施的驱动力。会展经济与航空经济协同发展的基础动力有赖于场馆与机场的协同、持续、健康发展。在二者协同发展的全过程中，场馆与机场始终发挥着核心作用，场馆与机场的调整、拓展、改善等都会在二者协同发展中产生关键影响作用。基础动力是一种内生动力，是二者协同发展过程中的一种自发的内在力量。在二者协同发展的萌芽期，基于机场和场馆的选址会吸引产业内部企业的集聚，依托区位优势形成产业关联和产业集聚。同时，基于速度经济的优势，对于时间成本要求高的产业偏好选择机场周边，形成一种基于时间竞争的价值链模式。参展人员、展品牵涉空间位移，会展场馆与机场邻近，会展业既利用了航空运输带来的流量优势，也能够利用航空运输的时空收敛性压缩整条价值链的时间成本，从而使会展经济与航空经济协同发展具备了物质基础。机场和会展场馆一旦建成，都具有一定的排他性，重复建设势必造成资源浪费，过度竞争还将导致产业效率降低，影响协同发展的效果。因此，基础动力机制作用的发挥，需要政府进行统一的发展规划。

（二）环境动力机制

环境动力，主要源于政府所搭建的经济发展平台和必要的制度安排，如发展规划、政策支持、信息平台、中介服务体系、劳动力培训体系等。环境动力机制是会展经济与航空经济协同发展的外在动力机制，一方面，能够吸引外来企业布局；另一方面，促使相关产业范围不断扩大。当相关产业大量集聚，主导产业集群出现并形成完整的价值链和健全的支持产业体系，该地区的产业链整合和优化就会使得产业内企业具有较高的效率，企业之间的分工与协作更加广泛和深入，甚至融入其他产业集群。通过深度的专业化分工与协作，越来越多的产业及企业参与会展经济与航空经济协同发展的循环，又促使政府必须通过创立更好的产业环境条件来实现区域经济的协调发展。因此，环境动力机制在会展经济与航空经济协同发展的萌芽期起着主导作用，并且贯穿两者协同发展的整个过程，与其他动力机制共同起作用。

（三）自组织动力机制

自组织动力机制，是会展经济与航空经济协同发展的内在动力机制，是基于产业链分工和创新资源要素的动力机制，在两者协同发展的成长阶段发挥主导作用。自组织机制源于会展业与航空运输业的自然属性和时间竞争两个方面：一是会展业与航空运输业具有天然的供求关系，会展业对流量的需求和航空运输业对流量的供给，形成了两者协同发展的天然纽带；二是由于时间竞争要求企业要达到整条价值链的时间最少，会展产业链与航空运输产业链的整合有利于以时间最少为原则来调整产业活动。会展经济与航空经济协同发展，一方面有利于形成以会展业和航空运输业为主导的产业集群；另一方面在两者协同发展过程中，多个产业之间会产生互动能力。在两者协同发展的萌芽期，自组织机制的作用比较微弱，主要依靠环境动力机制和基础动力机制的作用形成产业集聚。随着产业集聚规模的扩大，内在动力机制开始起主导作用，产业的上下游逐步形成一个紧密的体系，向更高级的产业集群演进，环境动力机制相对减弱，自组织动力机制发挥主导作用。

（四）创新动力机制

随着会展经济与航空经济的协同发展，内在动力起主导作用，基础动力和环境动力还在发挥着作用，然而其方式、强度都有所改变。当两者协同发展的产业集聚达到一定规模和强度的临界点，地区资源的稀缺性和有限性开始显现，外界市场竞争进一步加剧，促使企业、产业、区域趋向一个共同的理性选择——构建创新体系。创新机制是两者协同发展由成长期向成熟期转型的关键因素。在两者协同发展的成熟期，基础动力机制和环境动力机制开始减弱，资源动力转向如何构建创新平台，企业成为创新的主体，基于创新的内在驱动机制成为主导力量。会展经济与航空经济具有知识经济特点，在发展初期需要通过创新平台来支持其发展，随着两者协同发展，客观上必然要求获取更高级的要素作为支撑，但这种高级要素是很难靠继承获得的，而是要通过投资和开发才能创造出来，创新动力机制为两者协同发展的可持续发展和优化升级提供了保障。

二者协同发展的动力机制是驱动二者协同发展和演进的力量结构体系及其运行规则，从各因素的影响方式，影响、推动二者协同发展的动力可以划分为基础性动力、内在动力和环境动力：环境动力是来源于政府有意识地对协同发展进行的规划、调控和所营造的外部环境，即指产生于区域的外部，间接作用于二者协同发展过程，可以被理解成为导致二者协同发展的外生变量。环境动力的形成源自两个方面：一是政府行为；二是自然环境和竞争环境。

此外，二者协同发展的产业构成多样，大致可分为三类：协同核心产业、协同关联产业和协同引致产业。协同核心产业指直接利用场馆与机场提供的主要设施和服务等资源进行服务的产业，主要包括会展业和航空运输业。协同关联产业是指对会展业和航空运输业有较高敏感性，满足产业对快速客流物流的生产服务需求的企业，主要包括高科技产业、轻工产品制造业、旅游业、现代农业等。协同引致产业是依托上述两类产业引发的大量客流物流资源，满足客商、员工及各产业从业人员的居住、医疗、教育、娱乐、购物等生活需求，以及产业发展所必需的研发、培训、中介、广告、金融等服务需求，延伸发展出来的各类产业。

就二者协同发展在发展的不同阶段而言，经济主体具有不同的层次和不同的经济活动内容，由此决定了三种动力在不同阶段组合所形成的动力机制不同。

第四节 两者协同发展的模式

协同是系统内各要素（或者单元）间相互联系、彼此协作、互相促进并有机整合的状态。由于会展经济、航空经济自身的关联性和复杂性，两者协同发展必须是各个相关产业（单元）通过角色分工、功能整合实现共生发展、共同繁荣，必须考虑到产业链和价值链上的各个单元的差异性、关联性、不均衡性和不对称性，实现利益共享、资源互补，从而实现会展经济与航空经济各个子系统的协同发展。由此，在整合的过程中，各要素、各子系统发挥的作用不同，关联度不同，形成了不同的结构和模式。

一 形成模式

会展经济与航空经济的协同发展，根据主导因素的不同，可以划分为内生自发型、外部嵌入型、引导培育型三种类型。

（一）内生自发型

内生自发型的形成模式是由会展经济与航空经济的核心产业之间的紧密关系促成的，是两种经济的发展要素天然的互补和共享所驱动的。航空运输业和会展业有着与生俱来的亲密关系，会展业是空间位移的需求者，而航空运输业是空间位移的供给者，市场的需求和供给将两个产业紧密联系在一起。会展业和航空运输业同为产业关联性很强的行业，产品、服务、信息、价值等要素在这两个行业间的流动与互融，为临空会展的产生和发展奠定了基础；而产业分工和专业化生产所带来的协同优势和规模经济效应，则是临空会展产业链形成的促动因素。

随着原有城区土地资源越来越紧张，会展场馆的选址逐步向城区边缘迁徙，这就要求交通网络发达、附近的配套基础设施完善，而航空港的选址要求远离居民区和其他行政机构服务区，这使得两者的选址具有了一定的趋近性。会展场馆会选择距离航空港较近的地方，利用航空港附近的配套基础设施，同时航空港的发展则倾向于选择联动强、高收益的会展业来带动所在地区的经济发展。

会展活动为航空公司带来的巨大客流量中，有大量的商务人士，我们称为商务型乘客，商务型乘客因为消费高等因素，一直是航空运输业中质量很高的乘客资源，深受各大航空公司的喜爱，但同时，商务型乘客对于机场服务的要求也比较高，如方便的停车场、高档的餐饮、良好的住宿环境、舒适的候机厅、方便快捷的登机等。机场也处于不断发展的浪潮中，对于会展业促进商务型乘客数量增加这种机遇与挑战，航空公司也做出了很大努力来抓住机遇，提升自身，增加收益。

乘客行李的分拣一直是机场地面工作中非常重要的一部分，因为行李出错对乘客的影响很大，各大机场也很重视这一工作。我国机场关于行李分拣的标准很高，但在操作过程中出错在所难免，但这样依旧远远没有法兰克福机场行李分拣工作完成得好，法兰克福机场不仅拥有世界领先的行李分拣机器，对待行李分拣的工作态度也十分认真，力求充分保证每一个在此乘机的乘客的利益。

（二）外部嵌入型

外部嵌入型的形成模式一般是由于一个地区会展经济与航空经济的发展不同步，先发展起来的那个经济现象吸引了另外一个经济现象中的强势企业直接介入。这种模式，多数情况下是航空经济发展在先，为会展经济的发展提供了良好的环境和基础，吸引大型的国际性会展公司直接介入起主导作用，继而吸引更多的中小会展企业形成了会展业集群，进而与航空经济形成良性互动，协同发展。

另外，也有一些会展经济先发展起来的地区，当会展经济发展到一定程度，由此带来的流量经济必然需要速度经济的支撑，此时，如果该地区由于土地资源的限制，很难发展航空经济，就自然借助周边邻近的机场，与其航空经济的资源进行整合，从而形成了外部嵌入型的协同发展模式。这在欧洲一些会展经济发达的城市比较常见。

（三）引导培育型

引导培育型的形成模式是以政府为主导的发展模式，这种模式是目前全球较多见的。航空产业和会展业的发展都需要机场支持，虽然在管理体制上不同，但是不同国家的政府在机场的建设中都发挥着主导作用，同时机场的发展也离不开政府的支撑，政府需要为机场创造良好的环境和条件，才能保证在航空港区发展中给产业发展带来保障。同样地，在航空经济发展的产业选择上，更多的是由政府先规划好主导产业，并给予各种支持和优惠，从而使会展经济与航空经济快速地形成协同发展的局面。这在我国目前的临空经济区发展中比较多见。

二　驱动模式

一个区域一旦形成会展经济与航空经济协同发展的局面，其会展业与航空产业必然同时起主导作用。但是，在不同发展阶段，会展业与航空产业在这种协同关系中起到的作用可能会由于产业结构和发展力度、规模的差异而不同，从而形成不同的驱动模式。由单个产业驱动的模式可以分为航空产业驱动模式或者会展市场驱动模式，如果两个产业都比较发达且实力相当，就可能形成双核驱动模式，其协同发展效应会更加强大。

（一）航空产业驱动模式

航空产业驱动模式是以航空运输业为主导，航空制造业和服务业聚集在该区域，利用发达的航空物流业形成发达的航空经济，从而吸引会展资源向该区域集聚，逐步发展会展经济，以航空经济带动会展经济的发展模式。

这种模式在临空经济区的成熟阶段更加多见。如果在临空经济区的初期没有发展会展业的规划，则随着航空经济的发达，流量经济和速度经济产生的效果自然会形成一个会展经济发展的优势环境，无论是区域内自身企业，抑或是大型跨国公司都会被吸引至此，使得会展经济快速膨胀，与航空经济达成协同。如孟菲斯机场是世界上最大的航空物流基地，它同样将目光投向了会展，利用自身优势，打造便捷的、符合会展举办的运输网，于2011年成功举办了第十届世界机场城年会暨展览会。

在这个模式中，机场发挥着自己的专营权。机场属于城市基础设施的一种，具有一定的公共产品性质，但是收费的这种性质又构成了机场的收益性，这就构成以机场主导的产业发展模式。

（二）会展市场驱动模式

与航空产业驱动模式正好相反，会展市场驱动模式是以会展业主导，会展相关产业聚集在该区域，形成发达的会展经济，由此产生的会展人员流动和物品流动而形成流量经济，而这些流量的空间位移需要由快速的运输方式来协调和实现，从而要求该区域发展航空运输业，继而带动航空经济的发展。

会展市场驱动模式下，根据会展业发展的程度，区域性会展市场和国际性会展市场对于航空经济的发展要求及带动作用都会存在较大的差异。同时，会展业的发展使个性化、专业化的运输需求增加，对航空客运、航空货运服务的要求提高。这就形成航空运输和其他服务企业要适应会展经济的发展需要，围绕会展经济的需求开发新的航线及业务。我国的博鳌从一个小渔村发展成为著名的博鳌亚洲论坛的永久性会址所在地，极大地带动了会展旅游的发展，对航空运输的需求促使博鳌的机场建设，形成会展经济主导的会展经济与航空经济协同发展模式。

（三）双核驱动模式

双核驱动模式又称为双核整合模式，是会展业与航空产业同步发展的驱动模式，是会展经济与航空经济协同发展的高级阶段的表现形式。两个行业间的协同发展过程中，水平相近是非常重要的，随着会展业与航空运输业的发展，两者互相的影响越来越大，涉及的合作领域越来越广。双核驱动模式下，会展经济与航空经济的要素融合度比较高，产业的纵向一体化趋势明显。许多国际会展业发达又同时拥有大型航空港的城市，往往是在双核驱动下达成的协同发展，这种模式的协同效应更加显著，效果更加突出，多是存在于一些大型国际化城市。

三　发展模式

会展经济与航空经济的协同发展，在不同时期、不同阶段和不同条件下，由于发展要素配置、发展重心、发展方式、发展目标的差异性，形成不同的发展模式。

（一）产业带动发展模式

产业带动发展模式是会展经济与航空经济协同发展的最基本的发展模式，是由会展经济、航空经济的核心产业、核心产业链或者核心产业群的协同发展所形成的经济协同模式。会展业、航空运输业是会展经济、临空经济发展的核心产业，同时也是联动性非常强的行业，对一个城市、地区乃至一个国家的经济都有着非常强的带动作用。会展经济与临空经济都能极大地影响商贸、旅游、物流、餐饮和酒店等相关产业的发展，具有强大的经济拉动效应。同时，会展业与航空运输业又有着天然的紧密联系，使会展经济与临空经济具有协同发展的合理性。

1. 主导产业带动

主导产业是指对产业结构和区域经济发展具有主导作用的产业。会展经济与航空经济协同发展的最初动力、最根本的表现形式，是两者核心产业的协同发展，即会展业与航空运输业的协同发展。由于驱动要素的差异，会展业和航空运输业可能独立地成为会展经济与航空经济协同发展的主导产业，形成会展经济拉动航空经济发展，或者航空经济拉动会展经济发展的模式；或者会展业和航空运输业共同发力，形成会展经济与航空经济的协同发展。相比较而言，前者可以认为是一种初级的互动形态；后者是更为成熟的模式，也是协同效应更为突出的模式。

2. 产业链带动

临空会展业的形成，是专业的临空产业展会组织者、会展策划公司、会展场馆、展示设计公司、展品运输公司、广告公司以及旅游服务公司等一系列企业的集合，形成了临空会展产业链。临空会展产业链的巩固与提升，必然需要航空经济的支撑，也会反哺航空经济，从而带动会展经济与航空经济协同发展。

3. 产业群带动

会展场馆向机场及周边地区的聚集，会在机场及周边地区吸引大量与会展业关系密切的行业、企业及支持性机构，从而形成一个更加庞大的产业组织系统——临空会展业集群。事实上，临空会展活动的开展，临空会展业发展的支撑条件，以及会展业自身具有的关联性、根植性特征，促使临空会展业更易形成资源的集聚，即临空会展业的发展趋向于临空会展业集群化。

产业链带动发展模式和产业群带动发展模式中，会展经济都更加倾向于主导地位，而航空部门被动地进行会展业外推的相关服务工作，航空经济处于一个被动受益的地位。这也是会展经济与航空经济协同发展需要特别注意的一个方面。因为，航空经济处于主导地位时，可以选择协同发展的经济对象相对更加广泛，会展经济只是其中具有优势的对象之一。因此，在临空经济区发展的初期，会展经济与航空经济的协同发展需要重视引导培育。

（二）形象引领发展模式

会展经济、航空经济的发展需要大量的基础设施、配套设施投入，对于一个地区的环境形象起到重要的改善作用。同时，由这些基础设施、配套设施所形成的环境形象也是吸引游客、吸引展会的重要条件，是会展经济与航空经济发展的必要因素。由此产生的流量经济还会要求该地区的居民素质、行为习惯、政府行为、办事效率以及政策环境等都符合国际化的需要。因此，一个地区综合形象①的发展，不仅是会展经济与航空经济发展的结果，也是会展经济与航空经济发展的投入和引领要素。良好的区域或者城市形象能够吸引更多的展会特别是大型国际展会在此举办和落户，展品的运输和展商的参展往往依靠民航运输，民航运输成为举办会展活动的必要保障。同时，这对机场的硬件与软件水平提升又有很大的促进作用，并且不断促使航空公司调整扩大服务范围、提升服务水平。会展经济与航空经济的发展又带动相关产业的发展和繁荣，继而形成会展经济与航空经济的协同发展。

（三）一体化发展模式

在实际发展过程中，由于相关利益主体众多、行政区划分割及土地使用性质复杂等因素，"港—产—城"条块分割、各自为战的现象时常发生：侧重"港"的建设而忽略"城"的建设；片面重视"产"的发展，而忽视"港"、"城"建设；在引进产业方面急功近利、急于求成；这些都会造成"港—产—城"割裂发展。一体化发展模式指的是按照"港—产—城"科学发展体系，由空港、产业、航空城形成的三位一体系统的演化过程，是会展经济与临空经济协同发展较为成熟的模式。

空港是会展经济与航空经济协同发展的关键要素，也是吸引产业落户、形成航空城的基础条件，空港规划与建设对三者的联动关系有直接的影响；临空经济区主导产业的选择与发展不仅要符合短期空港经济建设的需要，更要满足航空城长远发展的目标，航空运输业自不必说，会展业也同样是临空产业的重点选择目标；航空城是会展经济与航空经济协同发展的远期目标。

本章小结

会展经济与航空经济协同发展在结构形态、发展模式上呈现出来的相互影响、相互促进的自组织特征和行为机制构成了两者协同发展的机理框架。会展经济与航空经济协同发展表现出会展业临空化、航空运输业前向一体化和临空会展业的蓬勃发展，并促进了区域形象的国际化和航空经济

---

① 涂成林将城市形象划分为环境形象、行为形象和发展形象三大类型，本书借鉴其观点在第九章结合郑州进行详细论述。

生态化发展。本章从要素共享、系统运作、规模收益、协同效应四个方面具体论述了两者协同发展的内涵，从产业链分工和时间价值的角度分析了两者协同发展的自组织动力机制、基础动力机制、环境动力机制和创新动力机制。以会展业和航空运输业的协同发展为核心，扩展到会展产业链与航空运输产业链的协同发展，最终形成会展经济与航空经济协同发展，是各种动力因素和动力机制共同作用的结果，由此形成了不同的协同模式。本章研究总结了两者协同发展的形成模式、驱动模式和发展模式：根据主导因素的不同，两者协同发展的形成模式可以划分为内生自发型、外部嵌入型、引导培育型三种类型；根据产业结构和发展力度规模的差异将两者协同发展的驱动模式分为航空产业驱动模式、会展市场驱动模式和双核驱动模式；根据发展要素配置、发展重心、发展方式、发展目标的差异性，将两者协同的发展模式分为产业带动发展模式、形象引领发展模式和一体化发展模式。

第六章　会展经济与航空经济
协同发展的实证研究

　　会展经济与航空经济协同发展依赖其核心产业的支撑。会展业是会展经济的核心产业，航空运输业是航空经济的核心产业，探讨会展经济与航空经济发展的协同作用，必须以会展业和航空运输业为抓手，从航空运输业对会展业发展的影响为基础开展研究。近年来，全球会展业与航空运输业的发展都出现较大的增长，对全球经济产生了巨大的带动作用。国内外知名的会展城市，如法兰克福、汉诺威、巴黎、慕尼黑、米兰、阿姆斯特丹、芝加哥、纽约、新加坡、中国香港、北京、上海、广州等，不仅仅是会展经济引人瞩目，它们还同时拥有发达的交通体系，尤其是航空运输体系。航空运输不仅是会展业发展的基础条件，同时还是航空经济发展的必要因素。会展经济航空经济协同发展已经在多个国家、许多现代城市发展中取得了成效。基于航空运输发展对会展业的强烈支撑效应，本章以国际会展业发达城市为对象，采用实证分析的方法，探讨会展经济与航空经济发展的协同作用。

第一节　全球会展业与航空运输业发展概况

一　全球会展业概况[①]

　　会展业达到国际性的产业规模，是在 20 世纪 70 年代。随着国际分工体系的深化和科学技术的进步，国际会展业得到了空前的发展。对国内外会展业进行扫描可见，目前世界会展业已经形成"欧美主导，德国领先"

---

　　① 此部分概括自张敏：《中外会展业动态评估年度报告（2012）》，社会科学文献出版社2013年版，数据来源和具体研究请参阅报告原文。

的格局。《世界会展城市实力报告》从展馆、展会、展商三个维度对国际性会展城市进行归纳和分类整理，得到以会展业著称的国际会展城市51个，这些城市又被划分成了三大组团，即国际会展一线城市、国际会展二线城市和国际会展三线城市。

通过考察世界范围内各大城市的会展业表现，依据国际会展业权威研究机构对世界范围内的展馆、展会和展商的发展情况进行的盘点，参照全球城市的会展综合竞争实力，本书从展馆、展会、展商三个维度对其进行汇总统计（见表6—1）。

表6—1　　　　　　　　　　　国际会展业统计

世界会展11强国	会展超级强国：德国 会展强国：意大利、法国、英国、美国 会展大国：西班牙、瑞士、荷兰、 会展新兴大国：中国、俄罗斯、泰国	
国际会展一线城市	杜塞尔多夫、法兰克福、汉诺威、巴黎、科隆、米兰、慕尼黑、巴塞罗那、柏林、博洛尼亚、巴塞尔、纽伦堡	德国7个，意大利2个，法国、西班牙、瑞士各1个
国际会展二线城市	莫斯科、广州、拉斯维加斯、芝加哥、上海、北京、维罗纳、里米尼、埃森、莱比锡、深圳、伯明翰、伦敦、里昂、马德里、乌德勒支、斯图加特、中国香港	中国5个，德国3个，英国、美国、意大利各2个，法国、俄罗斯、西班牙、荷兰各1个
国际会展三线城市	东京、纽约、阿姆斯特丹、瓦伦西亚、奥兰多、曼谷、亚特兰大、巴里、布尔诺、休斯敦、罗马、布鲁塞尔、波兹兰、南京、毕尔巴鄂、沈阳、日内瓦、新奥尔良、帕尔玛、新加坡、范堡罗	美国5个，意大利3个，西班牙、中国各2个，英国、荷兰、比利时、瑞士、波兰、捷克、日本、新加坡、泰国各1个
场馆面积十大国家	美国、中国、德国、意大利、法国、西班牙、荷兰、巴西、英国、加拿大	
场馆竞争力十强国家	德国、意大利、美国、中国、西班牙、法国、俄罗斯、英国、瑞士、泰国	欧洲最具竞争力的场馆面积是亚洲与北美洲总和的3倍
全球十大顶级场馆	德国汉诺威展览中心、德国法兰克福展览中心、意大利米兰展览中心、中国广交会琶洲馆、德国科隆展览中心、德国杜塞尔多夫展览中心、美国麦考密克展览中心、法国巴黎北维勒班特会展中心、西班牙瓦伦西亚展览中心、法国巴黎凡尔赛门展览中心	德国4个、法国2个、意大利、中国、美国、西班牙各1个

续表

2011 年世界百强商展	德国（56 席）、中国（14 席）、意大利（11 席）、法国（7 席）、美国（7 席）、西班牙（2 席）、瑞士（1 席）、俄罗斯（1 席）、英国（1 席）	
UFI 会员数量排名（截至 2012 年 4 月 6 日）	中国（90 家）、德国（44 家）、俄罗斯（36 家）、法国（30 家）、美国（25 家）、意大利（24 家）、英国（19 家）、新加坡（15 家）、西班牙（13 家）、日本（10 家）、荷兰（10 家）	
2011 年全球组展商国别排序	德国、英国、法国、意大利、瑞士、荷兰、西班牙、日本、中国、美国	
2010 年全球十大组展商	英国励展博览集团、法国智奥会展公司、德国法兰克福展览公司、英国博闻集团、德国杜塞尔多夫展览公司、德国慕尼黑国际展览集团、法国巴黎北维勒班特会展中心公司、瑞士 MCH 集团、意大利米兰国际博览集团、德国科隆展览公司	德国（4 家）、英国（2 家）、法国（2 家）、瑞士（1 家）、意大利（1 家）
展会涉及的行业类别	德国（17 类）、中国（8 类）	
各类展会需求排位	工业/工程/机械/加工类、建筑/五金/装潢/家具类、汽车/配件/交通工具类	

资料来源：根据张敏：《中外会展业动态评估年度报告（2012）》，社会科学文献出版社 2013 年版整理。

从表 6—1 可以看出，全球最具竞争力的展馆分布于欧洲、亚洲和北美地区，全球组展商以德、英为首，欧洲整体实力最强，全球参展市场表现出德国主导的世界格局。以此为基础，概括出全球会展业发展的空间分布特点如下：

（一）欧美主导全球会展业

综合来看，会展强国集中于欧洲和北美，全球会展发达城市主要分布在欧洲（34 个）、亚洲（10 个）和北美洲（7 个），分别占 66.7%、19.6% 和 13.7%；全球会展组展商 27 强集中在欧洲七国（德国、俄罗斯、法国、意大利、英国、西班牙、荷兰）和美国；世界百强商展主要集中在欧洲、美国和中国，欧洲以 79% 的百强集中度遥遥领先，美国和中国则各有侧重，其中展出面积中国高于美国，而展均面积中国则低于美国；全球会展场馆实力统计数据显示，全球顶级场馆 50 强中欧洲占 74.3%，北美洲占 11.9%，德国、意大利、美国、西班牙四国所拥有的展览面积之和占到了总量的 62.6%。

欧美国家会展业经过 100 多年的积累、完善、充实和发展，在展馆数量、规模、设施等方面都具有突出的优势，加上欧美国家的会展市场发展成熟稳健，会展企业经验丰富、人才众多，产业经营形成了国际化、专业化、品牌化的格局，由此形成的欧美主导全球会展业的格局仍将长期持续。

（二）德国会展业一枝独秀

无论从展馆、展会、展商哪个维度考察，德国都是会展实力最强大的国家，其优势遥遥领先，绝对优势明显。德国在全球最具竞争力展馆中所拥有的份额近 30%，百强商展规模超出其余八国总和的 70%，全球组展商 27 强中独占 9 席，其中 4 家位列十强；国际会展一线城市，德国独占 7 城，超过 50%，居全球前五位的城市中，除了巴黎，其他四城皆出自德国。

德国以其高品质、高素质、高水平的国际顶级展馆、展会和展商，以及其强大的制造业实力共同奠定了其全球第一会展强国的稳固地位。调查显示，德国会展业区域分布均衡，拥有法兰克福、汉诺威、科隆、柏林、慕尼黑、杜塞尔多夫、莱比锡等多个国际著名的会展城市；德国共拥有超过 100 家组展商，约有 40 家组展商举办国际展会，并且以专业性展会为主，世界制造业领域约 2/3 的龙头展会在德国举办；同时，德国会展业的赢利模式十分成熟，形成了著名的德国模式——在产权国有前提下，展馆与项目经营一体化。因此，德国独大的格局仍将持续。

（三）新兴力量潜力巨大

近年来，以中国、俄罗斯、泰国、巴西、印度、南非、墨西哥、土耳其为代表的亚非拉新兴市场经济体在会展产业国际市场上的增长势头强劲，其中中国、俄罗斯、泰国的会展业崛起，成为世界会展业大格局中不可忽视的新兴力量。仍然以展馆、展会、展商为观察维度，尽管就绝对数量而言，新兴经济体尚无优势，但是其扩张速度非常强劲，增长势头十分明显，特别是新兴力量的发展潜力不可小觑：一方面，新兴力量的会展综合实力在提升；另一方面，新兴经济体的展会市场也引来了会展发达国家的关注。

就展馆指标而言，中国的广交会琶洲馆位列十大顶级展馆第 4 位；俄罗斯的莫斯科克洛库斯（Crocus）国际展览中心排名第 11 位，中国和俄罗斯在全球最具竞争力的 50 强展馆中分别占有 6 席和 2 席，分别位列第 4 位和第 7 位。就展会指标而言，中国和俄罗斯分别有 14 个和 1 个展会入选世界商展百强，排名世界第 3 位和第 8 位。并且，中国香港贸发局（HKTDC）在 2010 年全球组展商营业额 27 强中位列第 17 位，在 UFI 组展机构会员拥有量上，中国和俄罗斯分别排在第 1 位和第 3 位。相对于中国和俄罗斯，泰国的会展国力还显得弱小稚嫩。同时，新兴经济体的会展市场潜力巨大，2011 年德国在中国、俄罗斯、印度、阿联酋、土耳其、巴西等新兴经济体举办的展会数量占到其海外展会总数的 74%，其中上海、莫斯科、北京均排在前列。

会展新兴力量的迅速增长，伴随其新兴经济体经济趋于繁荣，与其新兴市场经济体地位的迅速提升形成呼应之势。

（四）全球性竞争更加激烈

会展业竞争衡量的重要指标之一是城市对参展商和专业观众的吸引力，这使得会展业的竞争具有明显的全球性特征。尽管某个地区或者国家内部的会展业竞争依然存在，城市内部各行各业各领域的展会之间必然还存在某种竞争关系，而且这种竞争的激烈程度也在渐趋增强，但是以城市为单位的全球会展业的较量成为必然趋势。德国会展业发展的经验告诉我们，未来会展业的竞争主要来自国内外会展城市之间，表现为会展城市之间在会展资源方面的竞争。目前，我国的会展城市群、会展城市圈和会展城市带的划分，也是以城市为单位的竞争视角。

未来，会展业竞争将越来越从国家、省、区等行政性区划中脱离出来，转而以城市为单位展开，形成对全球会展资源的竞争性争夺。而且，展会品牌化的竞争将上升为会展城市品牌化的竞争，全球性竞争将会更加激烈。因此，为了避免重复建馆和恶性竞争，必须对场馆、展会、展商等会展业要素进行合理布局，引导合作与协同发展，形成有利于会展业持续发展的城际竞合博弈。

二 全球航空运输业概况①

航空运输业是先导性产业，同时还是一个资金、风险和技术极其密集

---

① 此部分数据主要概括自赵巍的《全球航空市场格局综述：中国民航的喜与忧》，载于民航资源网（http://news.carnoc.com/list/308/308156.html），以及国际航空运输协会（IATA）的统计。

的国际行业。根据国民经济行业分类，航空运输业从属于交通运输、仓储和邮政业（见表6—2）。

表6—2　　　　　　　　　　交通运输业的分类及代码

代码				类别名称	说明
门类	大类	中类	小类		
G				交通运输、仓储和邮政业	本门类包括53—60大类
	56			航空运输业	
		561		航空客货运输	
			5611	航空旅客运输	指以旅客运输为主的航空运输活动
			5612	航空货物运输	指以货物或邮件为主的航空运输活动
		562	5620	通用航空服务	指使用民用航空器从事除公共航空运输以外的民用航空活动
		563		航空运输辅助活动	
			5631	机场	
			5632	空中交通管理	
			5639	其他航空运输辅助活动	指其他未列明的航空运输辅助活动

资料来源：根据《国民经济行业分类和代码表（GB T4754—2011）》整理。

航空运输业包括三方面：

（1）航空客货运输：航空旅客运输，指以旅客运输为主的航空运输活动；航空货物运输：指以货物或邮件为主的航空运输活动。

（2）通用航空服务：指使用民用航空器从事除公共航空运输以外的民用航空活动。

（3）航空运输辅助活动：①机场；②空中交通管理；③其他航空运输辅助活动，指其他未列明的航空运输辅助活动。

与其他运输方式相比，航空运输有快速、安全等特点。2013年，全球航空业就业人数已经超过5810万人，随着全球经济的稳固增长以及全球贸易状况的改善，2014年全球客运业务需求表现良好。国际航空运输协会（IATA）表示，2014年全球搭乘客机出行的乘客人次达33亿创新高，比2013年多出约1.7亿人次，航空业在需求扩大5.9%的情况下，表现优于10年平均成长率。空客《全球市场预测（2013—2032）》预测，2/3发展中国家人口将在2032年达到年均至少乘机出行1次。

（一）全球航空运输需求加强

根据 IATA 统计，近 20 年全球航空客运量平均增长了 5.5%。2014年，全球航空运能增长 5.6%。从 2010—2015 年全球区域航空市场看，无论航空客运量（RPK）还是航空货运量（ASK）方面，中东市场和亚太市场的增长最快。整体成长最强劲的是中东地区航空业，增长了 13%；其次是亚太地区和拉丁美洲地区，均为 5.8%；欧洲市场也增长了 5.7%，较 2013 年增加 3.8%。

2014 年，中东地区航空运输市场年增速达到 12.8%，全球收入客公里增长了 9%；对于国内航空定期客运业务量，全球增长了 5.1%，其中北美洲和亚洲、太平洋地区合占全球国内业务量的 82%；亚太地区的国内市场增长速度最快，比 2013 年增长了 7.9%。同时，全球定期货运业务量增长强劲，2014 年增长率达 4.3%；而中东地区航空公司的货运业务量增长最快，增长率高达 11.3%。

根据 IATA 的预测，2015 年全球航空业净利润有望达到 250 亿美元，航空客运量有望增长 7%，航空货运运量有望增长 4.5%，将成为近年来航空业发展最有利的年份。

（二）全球航空运输市场三足鼎立

2014 年，根据全球航空量区域分布统计，亚太、欧洲和北美是全球最大的三个市场。其中，欧洲占有国际航空运输市场的最大份额，占比高达 38%；北美的国内航空市场最大，份额高达 44%。

整体而言，2014 年，亚太地区是全球最大的航空运输市场，份额高达 31%；在全球收入客公里中占了 31%，航空货运占到全球货运吨公里 40% 的份额。

（三）全球机场发展状况

机场是航空运输业发展的基础条件，同时也是航空经济发展的核心要素，还是各地区经济发展整体实力的表现。全球机场竞争日趋激烈，全球十大繁忙机场的布局也能从某种程度上反映当今世界各地区经济发展的整体实力情况。自 2004 年以来，10 年间，全球对十大繁忙机场的要求也水涨船高，从 4000 万人次飙升至 6000 万人次以上的旅客吞吐量才能进入全球十大繁忙机场，而 4000 万人次只成为三十大繁忙机场的门槛。2014年，全球十大繁忙机场旅客吞吐量合计 7.3 亿人次，同比增长 4.1%，亚特兰大国际机场、北京首都国际机场稳坐前两强。2014 年，亚洲机场的实力显现，全球最佳机场排名的多项指标名列前茅。

第二节　两者协同发展的理论假设

世界会展起源于欧洲，欧洲举办展会的实力强劲、知名度高，其中原因除了它整体实力强、规模大、具有公认的先进会展设施、会展场馆，拥有丰富的行业经验、充足的会展人才以及丰富的人文自然景观外，更与欧洲四通八达的航空运输有着密切的联系。本节以航空运输为切入点，以欧洲会展业为研究对象，采用实证研究的方法，分析航空运输对会展业的影响方式及影响程度，为探索会展经济与航空经济协同发展提供一个依据。

一　研究的相关指标

航空运输（Air Transportation），是指使用飞机、直升机及其他航空器运送人员、货物、邮件的一种运输方式。本节以航空运输业和会展业的相关指标为基础数据展开研究。

（一）航空运输业相关指标

航空运输是以飞机为载体，按照规划好的空中航线飞行，用以运送旅客和货物的运输方式。与城市公路和铁路运输相比，航空运输具有自身独特的优势，其飞行速度快、安全便利、限制条件少、乘坐环境舒适，可为乘客节省大量的出行时间，但是由于飞行器沿着空中航线飞行易受气候条件的影响，以及价格高、运载量少等也成为了航空运输的受限之处。

航空运输作为一个大系统的概念，既包括其自身作为运输方式的含义，又包括航空运输业的相关业务变量。本书以航空运输的机场运力、便捷性、安全性[①]作为航空运输业的研究指标。

1. 机场运力

一个城市的航空运力通常是由该城市的机场运力来表示。机场是航空运输发展的物质基础，也为会展经济发展提供了重要保障。民航业通常采用旅客周转量、货邮吞吐量、飞机起落架次等相关业务量指标来确定机场的运输能力，并根据这些数据进行机场排名。作为研究变量，机场运力不

---

① 民航运输的安全性已成为国内外参展商出行考虑的必要因素。民航运输的安全性可以用民航运输的事故发生率来表示，由于事故发生率判定的标准不唯一，本书分析中引用德国航空事故数据评估中心对世界60家航空公司的安全性排名作为参考数据。

仅能够反映一个机场的运输承载力，也能够通过这些业务指标反映出机场所在地区的客货流量，通过与会展业相关指标的相关性研究，可以探寻会展经济与航空经济的协同发展。因此可以采用机场运力的业务指标数据，或者以机场排名作为基础数据，来研究会展经济与航空经济的协同发展。

2. 便捷性

便捷性是参展人员选择航空运输方式的重要原因。对于便捷性的理解，可以从快捷性、方便性、经济性等不同角度进行研究，但是由于经济性测算和比对的复杂性，本书只是从快捷性、方便性的角度对航空运输的便捷性进行定量研究，采用航线数量、航线覆盖范围、航班频率作为研究的基本变量指标，通过与会展城市的会展业指标进行相关性研究，探寻会展经济与航空经济的协同发展。

3. 安全性

参展商和参展观众出行除了考虑时间和费用因素外，更需要考虑的是安全问题。民航运输的安全性指的就是在运输过程中保证旅客和运送物品不受任何伤害和损失。民航运输的安全性可以用民航运输的事故发生率来表示，由于事故发生率判定的标准不唯一，本书分析中引用德国航空事故数据评估中心对世界 60 家航空公司的安全性排名作为参考数据，对应这些航空公司所在的基地城市，与会展业相关指标进行相关性研究。

（二）会展业相关指标

根据世界会展国力报告研究，展馆、展会、展商是衡量一个国家和地区会展实力的核心指标。本书根据会展经济与航空经济协同发展的研究需要，对这些核心指标进一步细分，确定了以下 6 个研究变量。

1. 会展综合实力

在会展产业要素中，展馆、展会和展商是影响会展实力的核心指标，可以直观地反映一个国家或城市的会展实力。本书采用中外会展业动态评估报告课题组的研究数据，根据 AUMA、UFI、ICCA 等国际会展业权威研究机构和会展组织的统计，从场馆展能、百强商展和全球组展商排名三个维度对全球会展城市进行综合测定，得到 51 个国际会展城市，其中欧洲 34 个、亚洲 10 个、北美 7 个[①]。本书采用此研究成果对于国际会展城市

---

① 《世界会展城市实力报告》，载于《中外会展业动态评估年度报告（2012）》，社会科学文献出版社 2012 年版。

的得分排名，作为会展城市综合实力的基础数据，根据会展城市实力数据推算出会展国力，与相应城市或者国家的航空运输的相关数据进行相关性研究，探寻会展经济与航空经济协同发展的因素及关联性。

2. 场馆展能

会展场馆是会展业的物质载体，是会展活动得以展开的特定空间。一个城市的会展场馆，特别是室内展览面积，决定了该城市展会活动的最大规模和潜在效益。中外会展业动态评估报告课题组的研究认为，会展产业的全球竞争力首先依赖特大型展馆。本书采用室内展览总面积为指标，根据相关机构统计的数据为基础，探寻场馆展能与国际会展城市的综合实力的相关性，并且特别关注那些场馆展能有限而会展实力较强的城市，探寻其他要素以及航空运输因素对于会展业的影响。

3. 商展实力

商贸型展会作为生产服务业的会展业功能的平台，直接体现了会展活动的关联效应和举办效益[1]。商展实力可以从商展规模和品牌商展数量两个方面来衡量。商展规模可以以各国（城市）历年举办的国际展会数量来表示，也可以采用商展总面积来表示。一个城市拥有世界知名的品牌商展，代表着该城市会展产业发展的专业化水平、品牌化能力和国际化程度。本书根据《进出口经理人》杂志公布的世界商展 100 强排行榜的数据为基础进行测算。

4. 组展商实力

组展商是将展会市场上的参展和观展双方结合起来的组织机构，是会展活动的市场主体，通过经营展馆、展会和提供相关配套服务而赢利。组展商实力的强弱，直接影响该城市会展业的发展水平。本书采用组展商所在城市营业总额来表示组展商实力，根据 AMUA 对全球组展商的统计数据为基础进行定量分析。

5. 参展数量及质量

参展数量是指参展人数，包括参展商数量和参展观众数量。参展商数量是指展览期间，在事先约定好的展位中与参展者进行信息沟通和洽谈，以提高知名度甚至达到合作或购买意向的特定群体数量；参展观众数量即

---

① 《世界会展城市实力报告》，载于《中外会展业动态评估年度报告（2012）》，社会科学文献出版社 2012 年版。

在一个展会中，出于自身参观、购买、信息交流的意愿从而参与展会的群体总人数。根据统计情况，可以选择参展商人数、参展观众人数，或者两者的总人数作为基础研究数据，参展人数的多少不仅与展会的吸引力有关，也与举办城市的运输能力有关，成为研究会展经济与航空经济协同发展的重要指标。

参展质量以参展人员的国别范围来表示。一个展会参展人员的国别范围越广，展会的影响力就会越大，对于航空运输的依赖性也会越强，是研究会展经济与航空经济协同发展的重要指标。

6. 会展场馆选址

会展场馆选址是本书研究会展经济与航空经济协同发展的主要指标之一，指的是会展中心建设规划的具体位置。目前，全球会展场馆临空化趋势明显，特别是欧洲大多数会展中心距离机场仅 15 千米至 20 千米，一般 15 分钟即可到达，少数会展中心更是依托机场选址建设，这样的选址方式既可以方便参展者和展品在路程上的运输，节省了时间，提高参展效率，又可以让会展中心与机场共用基础设施，节约资源并带来效益最大化。所以本书采用会展中心距离机场的距离来表示会展场馆选址，通过这一指标与会展业、航空运输业收入的关系来反映会展经济与航空经济的协同发展。

二 研究假设

理论分析证明，航空运输的快捷性、经济性、安全舒适性均影响着乘客交通工具的选择。而会展活动的时限性和国际性展会均使得参展商和参展观众将航空运输作为出行的首要选择。所以航空运输业在相当程度上影响会展业的发展，会展业的发展又促进了航空运输业的发展，两者具有很强的关联性。

（一）航空运力与会展业发展

航空运输凭借其特有的安全、便利和高效、舒适的特点，为会展举办地带来了越来越多的展出者和参观者，同时也会带动展品运输的增加，促使展会数量日益增加，即航空运输的运载量（机场运力）与展会数量、参展人数呈正相关。

航空运输为会展城市带来了源源不断的参展商与参展观众，对于会展场馆发展、城市接待能力、城市交通体系等都提出了考验，而展会的持续举办、场馆展能的利用、组展商落户都表明该城市对于会展业的吸引力，同时也反映该城市的会展实力。因此，本书假设航空运输的运载量（机场运力）与会展城市实力呈正相关。

（二）航空运输的便捷性与会展业发展

会展活动按地域可分为国际展会与国内展会。国际展会是一种远距离的空间移动，往返的必要交通方式就是航空运输。国内展览作为相对较近距离的空间移动，人流与物流的往返主要依赖铁路和公路交通。但随着会展活动严格的时间界限、廉价航空的出现和航空运输安全性能的提升，航空运输正在逐步取代铁路与高速公路成为国内外参展者首选的交通方式。

与此同时，为了降低乘客出行费用，民航业出现了低成本航空服务。在欧洲，低成本航空运输量占据了欧盟内部市场的1/3。方便、快捷、省时、高效而又廉价的航空运输为欧洲会展业带来了源源不断的参展商与参展观众。因此，本书假设航空运输的便捷性与参展商数量呈正相关，航空运输的便捷性与参展观众数量呈正相关。

举办知名展会势必会吸引源源不断的跨国展商和观众，因为航空运输具有通航能力强的特点，而这些跨国旅客通常选择飞机出行。因此，航空运输的航线覆盖性是影响该城市参展商和参展观众国别范围的重要因素，即航空运输的航线覆盖性与参展商、参展观众国别范围呈正相关。

实践中，知名会展中心为缩短展商和观众的往返路程和共享基础设施，大多依据机场所在位置选址和建设，或者采用发达的综合交通体系缩短会展中心与机场的距离。因此机场所在位置影响了会展中心的选址，本书假设航空运输的运载量与会展场馆选址呈正相关，即航空运输的运载量越大，则会展中心距离机场越近。

展会规模还有一个重要参数是参观者的国别范围。航空运输为会展活动运送了不同国籍、不同地域的展商和观众，也极大地提升了会展中心的技术要求。因此，本书假设航空运输的运载量与会展中心的规模呈正相关关系，即航空运输的运载量越大，会展场馆规模也就越大。

（三）航空运输的安全性与会展业发展

参展商和参展观众出行除了考虑时间和费用因素外，更需要考虑的是安全问题。航空运输的安全性已成为国内外参展商、参展观众出行考虑的必要因素。根据航空公司的统计得出，每承运100万人次，航空运输的事故率是公路、铁路等交通方式中最低的，也就是选择飞机出行是最安全的交通方式。因此，本书假设航空运输的安全性与展会参展人数呈正相关，即航空运输的安全性系数越高，则参展商与参展观众数量也越多。

综上所述，本书得到以下 10 个研究假设：

H1：民航运输的便捷性与参展商数量呈正相关。

H2：民航运输的便捷性与参展观众数量呈正相关。

H3：民航运输的安全性与参展商数量呈正相关。

H4：民航运输的安全性与参展观众数量呈正相关。

H5：民航运输的航线覆盖性与参展商的国别范围呈正相关。

H6：民航运输的航线覆盖性与参展观众的国别范围呈正相关。

H7：民航运输的运载量与展会数量呈正相关。

H8：民航运输的运载量与展会城市知名度呈正相关。

H9：民航运输的运载量与会展场馆选址呈正相关。

H10：民航运输的运载量与会展场馆规模呈正相关。

三　数据来源

本章实证数据民航运输的部分源自 2000—2014 年的《从统计看民航》中的"航空运输发展指标"、"航空安全与服务质量评价指标"、"历史发展指标"、"世界航空"篇章中的欧洲部分，包括德国、英国、意大利、法国、俄罗斯、荷兰等国家 2000—2014 年航空运输定期旅客周转量、航线覆盖范围等数据、《中国民航统计年鉴》、《中国航空运输业发展蓝皮书》以及中国民用民航局网站、民航资源网和国际机场协会（ACI）统计汇总的事故发生率的调查和航空公司百度百科中关通航能力、通航国家的数据等，采集整理而来。

会展业数据源自 2008—2014 年的《会展蓝皮书——中外会展业动态评估年度报告》的"国内外会展业扫描"中的德国英国部分、"2014 年德国会展业回顾"中的 2006—2014 年德国展会参展商数量、德国展会国外参展商数量、展会活动数量、展会观众数量、国外观众数量等，《中外会展业动态评估年度报告》中的关于会展国力与会展城市实力部分中的"全球会展国力报告"、"世界会展城市实力报告"和"全球组展商实力报告"中综合评价德国、英国、法国、俄罗斯等欧洲国家会展城市的知名度和会展场馆规模的数据等，以及《中外会展业动态评估年度报告》中关于全球会展展能和大型展馆与国际贸易中心关系实证考察的数据填充了本书数据的完整性。

第三节 两者协同发展的数据分析

本节通过对国际会展城市的会展实力、场馆展能、商展规模、展商实力统计数据，与城市民航运输的航空运力、便捷性、安全性的数据进行相关性分析，探寻和证明会展经济与航空经济协同发展的关系。

一 航空运力与会展城市实力的相关性

（一）旅客周转量与展会数量的相关性检验

此相关性检验选取民航运输运载量为自变量 X，选取民航运输运载量为自变量 X，欧洲的德国、英国、意大利等国家的历年国际展会数量为因变量 Y，采用回归分析的方法说明两者的相关关系。

从附录二中的"民航运输运载量与展会数量的回归统计"中，从回归统计图中看出，复相关系数 R 的值为 0.9915，也就是自变量 X 与因变量 Y 之间的相关程度，而 $R=0.9915$ 表明它们之间的关系为高度正相关。调整后的复测定系数 R^2 为 0.89，说明了这则假设中自变量能解释因变量的 89%，因变量参展观众的国别范围的 11% 则需要其他因素来说明，这其中的 11% 考虑到政府政策等因素。

因此根据以上分析，民航运输的运载量与展会数量呈现高度正向相关关系，假设 H7 成立。

（二）旅客周转量与会展城市实力相关性检验

会展活动的知名度评价指标以每年举办展会的数量、规模、吸引到的国际参展商和观众以及通过举办展会为该国家或地区带来的直接和间接收入等指标相关。随着航空运输市场化程度越来越高，四通八达的支线和航线使得远距离出行不再受时间和地点的限制。再加上展会活动严格的时间限制，即使是国内参展商或参展观众也越来越多选择飞机出行，民航运输为展会带来了源源不断的参展者，规模越大、越是知名的会展越能受到海外参展商的青睐。所以民航运输为会展带来了不计其数的参展人流，这也直接促进了该展会知名度的提升。

鉴于展会城市知名度无法用定量数据统计，在此研究中以分值代替展会知名度。参考标准为该国家所拥有会展城市的数量、每年举办国际性展会的数量等。

因此根据以上分析，民航运输的运载量与会展城市知名度之间呈现高度正向相关关系，假设 H8 成立。

二　航空运力与参展数量的相关性检验

根据前期收集的数据逐一分析民航运输的便捷性和安全性对参展观众的数量具有何种影响，以及民航运输的航线覆盖性对参展观众的国别范围具有何种影响。

（一）旅客周转量与参展商数量的相关性检验

民航运输便捷性的相关数据采用附录二中的"欧洲国家 2000—2014 年定期航班旅客周转量"数据表示，展会规模采用参展商数量和参展观众数量两个指标表示。参展客流量选取 2000—2014 年相对应国家举办的展会统计数据表示。根据回归分析的步骤，将已经分析确定的参展客流量作为被解释变量，用 Y 来表示，定期航班旅客周转量作为解释变量，用 X 表示，并将数据输入 EXCEL 分析软件中，回归分析得到结果如图 6—1 和表 6—3 所示：

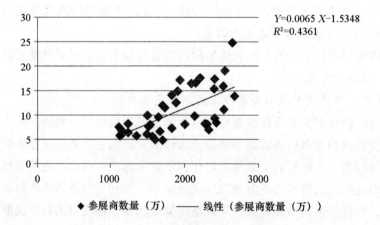

$$Y = 0.0065\,X - 1.5348$$
$$R^2 = 0.4361$$

◆ 参展商数量（万）　　—— 线性（参展商数量（万））

图 6—1　旅客周转量与参展商数量散点图

资料来源：根据中国民用航空局发展计划司：《从统计看民航》，中国民航出版社 2013 年版；张敏：《会展蓝皮书：中外会展业动态评估年度报告》，社会科学文献出版社 2013 年版整理。

表6—3　　　　　　　　　　　　回归分析

Multiple R	0.950706
R Square	0.903841
Adjusted R Square	0.879451
标准误差	3.595279
观测值	42

从上述回归分析中，可以看出散点图曲线中除个别点外，大多数点都无限接近于直线 $Y = 0.0065X - 1.5348$，散点图具有良好回归性。从表6—3回归分析中，复相关系数 R 的值为 0.951，即说明自变量和因变量之间有95%的相关性。而复测定系数 R^2 的值为90%，说明自变量能解释因变量变差的90%，即自变量与因变量之间达到90%的拟合效果。该则假设的拟合效果好，自变量与因变量之间具有95%的高度正相关关系。考虑到乘客采取民航运输方式出行的因素很多，如旅游、出差、留学等，并不仅限于参与展会，所以因变量又可用旅游、出差、留学等原因解释。因此，本则假设中可以用95%的程度说明民航运输的旅客周转量与欧洲会展业的参展商数量有相关关系，所以H1假设成立。

（二）旅客周转量与参展观众数量的相关性检验

民航运输便捷性的数据采用附录二中的"欧洲国家2000—2014年定期航班旅客周转量"中的数据表示，参展观众数量选取附录二中的"民航运输便捷性与参展商和观众数量的原始数据"表示。根据回归分析的步骤，将已经分析确定的参展观众数量作为被解释变量，用 Y 来表示，定期航班旅客周转量作为解释变量，用 X 表示，并将数据输入到 EXCEL 分析软件中，回归分析得到结果如下：

从附录二中的"便捷性与参展观众数量回归的散点图"和《便捷性与参展观众数量的回归统计》中可以看出：散点图曲线中绝大多数点都无限接近于直线 $Y = 0.572X - 285.32$，散点图具有良好回归性。并且，复相关系数 R 的值为 0.99，说明 X 与 Y 之间具有相关性。且直线 $A = 0.572$ 截距大于0，说明两者具有正向相关关系，且有99%的程度说明。因此从上述分析中，可以看出民航运输的便捷性对欧洲会展业的参展观众数量有着显著影响，且能够以99%的程度说明该影响具有高度正向相关性，H4假设成立。

三 安全性与参展数量的相关性检验

民航运输的安全性可用航班的事故发生率来表示，飞机的重大事故极少发生，造成多人伤亡的事故率约为三百万分之一。航空运输是远距离交通中最安全的方式。据国际民航组织（ICAO）统计可知，现在飞机的事故发生率为每 4 亿英里一次，相比较 30 年前安全性能提高了 10 倍。

由于事故发生率评判标准不一，本书分析数据将根据附录二"德国航空事故数据评估中心综合全球 60 家航空公司安全性排名"，并根据各航空公司的安全排名打分（满分为 60 分）作为自变量，安全性越高则分值越高。而相对应城市的参展商人数作为因变量，得到散点图如图 6—2 所示：

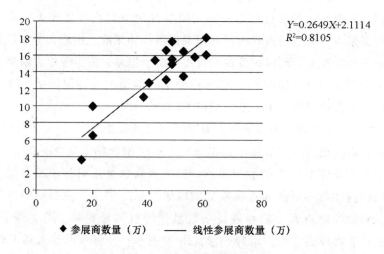

$Y=0.2649X+2.1114$
$R^2=0.8105$

◆ 参展商数量（万）　——线性参展商数量（万）

图 6—2　安全性与参展商数量散点图

资料来源：根据中国民用航空局发展计划司：《从统计看民航》，中国民航出版社 2013 年版；张敏：《会展蓝皮书：中外会展业动态评估年度报告》，社会科学文献出版社 2013 年版整理。

表 6—4 回归统计

	回归统计
Multiple	0.8917
R Square	0.7951
Adjusted	0.9168
标准误差	1.87

从图6—2安全性与参展商数量散点图可以看出曲线中绝大多数点都无限接近于直线 $Y = 0.2649X + 2.1114$，散点图具有良好回归性。从回归统计表6—4中分析可得，复相关系数 R 为0.89说明自变量 X 与 Y 之间的相关程度为89%，为高度正相关。复测定系数 R^2 的值为0.795，则说明自变量民航运输的安全性可用来解释因变量参展商数量减少的79.5%。因此从上述分析中，可以看出民航运输的安全性对欧洲会展业的参展商数量有着显著影响，且能够以89%的程度说明该影响具有正向相关性，假设H2成立。

民航运输安全性变量的数据利用附录二中的"德国航空事故数据评估中心综合全球60家航空公司安全性排名"为依据，根据各航空公司的安全排名进行打分（满分为60分）作为自变量，安全性越高则分值越高。而相对应城市的参展观众数量详见附录二"民航运输安全性与参展商和参展观众数量的原始数据"作为因变量，分析自变量和因变量之间所具有的关系。

回归分析结果表明：复相关系数 R 的值为0.803，因为 $R > 0.80$，即说明拟合直线能够以大于80%的程度来说明相关性。因此从上述分析中，可以看出民航运输的安全性对欧洲会展业的参展观众数量有着显著影响，且能够以80%的程度说明该影响具有正向相关性，H5假设成立。

四　便捷性与参展质量的相关性检验

参展商之所以选择民航运输作为他们参加展会的出行方式，不仅是因为民航运输安全便利，更是因为它的通航能力以及它遍及世界各地的飞行网络，参展商可以不换乘地直飞各大型城市参与跨国会展，所以越来越多的国际参展商和参展观众参与到了展会中来。会展业也因为跨国参展商而大大提高了展会知名度与规模。

经过百度百科数据收集与分析得到了包括德国、英国、法国、意大利、西班牙、俄罗斯、荷兰、瑞士在内的民航公司通航国家的数据，并把这些数据作为解释变量，而德国、英国、法国、意大利、西班牙、俄罗斯、荷兰、瑞士所举办的展会参展商国别范围即国外参展商的数量则作为被解释变量，来分析随着解释变量的变动是否会影响被解释变量的改变。

通过以上统计，从附录二中的"表2—民航运输航线覆盖性与参展商国别范围的回归分析"中可以看出散点图曲线中点无限接近于直线 $Y =$

0.0417X + 1.4467，散点图具有非常显著的回归性。从回归统计中分析可得，复相关系数 R 的值为 0.797，即说明拟合直线能够以大于79%的程度来说明其相关性，所以有79%的程度说明民航运输的航线覆盖性对欧洲会展参展商的国别范围呈正相关。

根据附录二中的"图2—民航航线覆盖性与参展观众国别范围回归的散点图"与"表5—民航航线覆盖性与参展观众国别范围的回归统计"的检验结果表明：复相关系数 R 的值为 0.9453 表明民航运输的航线覆盖性与参展观众的国别范围呈高度正相关关系，即航线覆盖性越好，参展观众的国别范围也就越大。且调整后的复测定系数 R^2 为 0.82，说明了这则假设中自变量能解释因变量的82%，因变量参展观众的国别范围的18%则需要其他因素来说明，这其中的18%考虑到城市铁路、航运码头、城市快速路等因素。H6 假设成立。

因此，从上述数据图表分析可以总结为，由于民航运输遍及全球的飞行网络、航线和支线的相互交错以及通航国家的众多，免除了国外参展商和参展观众参观国际展览出行方式的后顾之忧。任何地方都可以方便快速地到达，所以有了民航运输的全球化飞行网络，世界各地的参展商和参展观众可以参展不受限制，极大地提高了国际展商和观众的数量，H3 假设成立。

五 机场运力、会展场馆选址与会展城市实力相关性检验

根据前期收集的数据逐一分析民航运输的航线覆盖性对会展场馆选址具有何种影响，民航运输的运载量对会展场馆的规模具有何种影响。

选择民航出行是欧洲尤其是欧洲以外的参展商和参观者的重要方式。分析中选取民航运输的航线覆盖性为自变量 X，由德国、英国、法国等国家机场所通航的国家数代表；相对应国家会展中心距离机场的远近为因变量 Y，采用回归分析法探讨自变量 X 与因变量 Y 之间的关系。

根据附录二中的"航线覆盖性与会展场馆选址回归的散点图"观测出：图中众多点向着直线 Y = 0.2336X + 1.874 趋近，且截距 A = 0.2336 大于 0，自变量和因变量之间处于正向相关关系。从附录二中的"航线覆盖性与会展场馆选址的回归统计"中看出，复相关系数 R 的值为 0.9177，也就是自变量 X 与因变量 Y 之间的相关程度，而 R = 0.9177 表明它们之间的关系为高度正相关。而复测定系数 R Square 值为 0.8422 代表了自变

量民航运输的航线覆盖性与因变量会展场馆选址之间的拟合效果为
84.2%。调整后的复测定系数 R^2 为 0.76，说明了这则假设中自变量能解
释因变量的 76%，因变量参展观众的国别范围的 24% 则需要其他因素来
说明，这其中的 24% 考虑到城市地形、政府规划等因素的影响。

因此，民航运输的航线覆盖性与会展中心依托机场选址的关系呈现高
度正向相关关系，H9 假设成立。

六　机场运力、场馆展能与城市会展实力的相关性检验

由上分析展会中参展者所代表的国家和地区越多展会规模越大，所以
这些不同区域不同国籍的参展商和观众直接影响了会展场馆的规模。而在
下面的分析中，由于场馆规模不仅是由展览面积、展馆数量所决定，更是
由展出者和参观者所代表的区域范围和数量共同影响，不易直接用数量说
明，综合考虑这四种因素后，本书研究采取分值的方式（满分为 10 分）
代替场馆规模。以民航运输的运载量为自变量，会展场馆规模为因变量，
得到的分析结果如下：

根据附录二中的"运载量与会展场馆规模回归的散点图"观测出：
图中众多点向着直线 $Y = 0.0016X + 3.2755$ 趋近，且截距 $A = 0.0016$ 大于
0，自变量和因变量之间处于正向相关关系。根据附录二中的"运载量与
会展场馆规模的回归统计"中看出，复相关系数 R 的值为 0.889，也就是
自变量 X 与因变量 Y 之间达到 89% 的相关程度。

因此根据以上分析，民航运输的运载量与会展场馆规模的关系呈现高
度正相关关系，H10 假设成立。

本章小结

据 2012 年旅客吞吐量前 20 名机场运量数据观察，美国、法国、英
国、德国、日本机场占据世界前 20 名的半壁江山。与此同时，以德国、
英国、荷兰为代表的欧洲会展业和以美国为代表的北美会展业也发展得如
火如荼。本章选取会展实力强国、国际会展城市为研究对象，根据定量数
据，采用实证研究的方法，探寻会展经济与航空经济的互动效应。总
结出：

（1）民航运输越便捷带来的参展商和参展观众的数量也就越多。

（2）民航运输的安全性越高，所吸引到的参展商和参展观众的数量也就越多。

（3）民航运输的航线覆盖性越强，参展商和参展观众的国别范围也就越大。

（4）民航运输的运载量越大，该城市的展会数量也就相对越多，会展城市知名度越大，同时会展场馆的规模也就越大。

（5）民航运输的通航国家越多，会展中心选址也会距离机场较近。

（6）民航客运与参展商与观众之间具有长期稳定的均衡关系。

会展业凭借其以一带多的强大功能促进了工业、农业、商贸业的发展，对国家和地区的功能转型、结构优化、经济发展都起到不可小觑的作用，而民用航空运输则可以为会展业带来源源不断的客流。因此，应充分利用民航运输与会展业的相辅相成、长期稳定的关系，首先，在规划建设上尽可能依据机场选址展览中心，方便两者共用基础设施，节约资源，实现利益共赢；其次，降低票价，并以乘客的角度改善搭乘环境、提高服务质量，从而为民航和展会活动吸引客流提高运营收入；再次，从促进航空安全的角度出发，既要及时维修、检查飞机机身，培训机组人员与乘客遇到危险的逃生方法，又要从政府层面加大为乘客投保的力度，以多种方式促进航空安全，为民航运输吸引到更多的消费者；最后，真正做到从消费者的角度改善航空运输的条件，吸引越来越多的乘客，使得民航运输与会展业相辅相成、相互促进，共同推进区域经济的发展。

会展业的全球竞争力有赖于特大规模的场馆、有品牌力的商展和有感召力的展商形成稳定支撑。

航空运输凭借其特有的安全、便利和高效舒适的特点，为会展举办地带来了越来越多的展出者和参观者，也促使展会数量日益增加，即航空运输的运载量与展会数量、参展人数呈正相关。

航空运输为会展城市带来了源源不断的参展商与参展观众，对于会展场馆发展、城市接待能力、城市交通体系等都提出了考验，而展会的持续举办、场馆展能的利用、组展商落户都能够表明该城市对于会展业的吸引力，同时也反映该城市的会展实力。因此，航空运输的客运量还会影响展会城市的知名度，本书假设航空运输的运载量与会展城市实力呈正相关。

第七章 会展经济与航空经济协同发展的国际经验

欧洲会展业领先于世界潮流，对国家和地区的经济发展起到非常重要的作用。全球会展业发达地区中，紧随欧洲的是北美展览业。借助成功的会展业发展模式——德国的政府干预模式、法国的市场主导模式、美国的政府市场结合型模式以及澳大利亚的协会推动型模式，在实现其会展业发展过程中发挥着重要作用。亚洲是会展业发展最快的地区，会展国家主要以中国、日本、新加坡为主。本章分别从国家层面和城市层面选取典型案例进行研究，选取美国和新加坡为国家层面的典型案例，选取法兰克福和东京为城市层面的研究对象，总结它们在会展经济与航空经济协同发展方面的宝贵经验。

第一节 美国经验研究

美国是世界会展业的后起之秀，但是发展迅猛。美国会展业的管理主要依靠行业自律，以企业自愿参加为特点，企业进行高效的市场化运作。拉斯维加斯、芝加哥、纽约、亚特兰大、休斯敦、新奥尔良、奥兰多不仅是美国著名的会展中心城市，也已经跻身国际会展城市的排行榜。目前，美国每年举办的展览会近万个，合计净展出面积4600万平方米。

同时，北美是全球航空运输三大市场之一，还是2014年全球航运客座率最高的地区。美国航空运输业经过"9·11"以来十几年的大整合，形成了新的格局。美国会展业的发展虽崎岖坎坷，但总体发展势头良好，走势依然坚挺。2013年，全美航空和美国航空合并，成为全球以机队数量为指标衡量的最大的航空公司。这次整合，最终形成了美国航空运输业三级分布的市场分工格局，即全球网络型航空公司、低成本航空公司和支线航空公司。完成重组和整合后，美国的航空公司也转变了观念，以服务为基准，对机队进行了更新，增加了对亚太地区的航线，增加了对中国的航班密度，力争打造非凡的航空业。

美国的商用航空、通用航空发展都居世界前列，对会议、展览、节事活动三大业务的推动作用很强。同时，会展业的发展也为航空运输业增加收入和改进服务提供了条件。这为研究美国会展经济与航空经济协同发展提供了有利的条件。

一　会议旅游蓬勃发展

会议旅游的发展是商用航空对美国会议业推动作用的主要表现。夏威夷是美国会议发展的佼佼者之一，它的地理环境极为优越，它位于海洋之中，是最安全的州，所以，它有"最佳会议和奖励旅游城市"之称。夏威夷会议中心，超过百万平方英尺的广大面积可供多家公司开会、办展之用。从会议中心到最热闹的维基基海滩景区的任何一家饭店都十分方便，无须担心在住宿和开会地之间劳累往返。仅维基基海滩景区的饭店房间数就超过3万间，即使各大型会议在此举行，也不用担心房间不足的问题。

夏威夷会议旅游得到快速发展的重要因素之一是便捷的航空运输。檀香山机场是美国最繁忙的商业机场之一，如今，除了檀香山机场，夏威夷各岛的机场都已完成扩建工程，从美国西岸可直飞各岛，无须再经檀香山转机。夏威夷位于太平洋的中间位置，往返美国和亚洲国家都十分方便，商务人士无须长途飞行，就可以轻松完成纽约、东京、新加坡等地的交易。它也是美国唯一拥有如此优势的城市。

二　助力城市经济的完美转型

拉斯维加斯市地处美国西部的内华达州南端，经济与开发较早的东部地区相比，并不发达，地理环境条件也不优越，自然条件也不好，荒沙约有215.7平方千米，然而就是这样一个不起眼的地方，却是会展业奇迹诞生的地方。最初，它利用城市博彩业远扬海外的优势，吸引很多人以博彩慕名而来，同时又潜移默化地参加了会展。这样一来，随着展会举办次数的增加，终于达成了预期目的，壮大了会展业的发展并走向成熟，已成为当前国际上最为著名的会展中心之一。

拉斯维加斯立足博彩业，向新兴的会展经济发展，到访的商务客人占到游客总数的 1/5。如此傲人的成绩，与便捷的交通运输网络密不可分。拉斯维加斯拥有 2 个国际机场，每天有数百个航班往来于世界各地，从 CBD 到机场 10 分钟即可到达，真正实现交通地空网络的无缝对接。在会展业发展的硬件条件上，拉斯维加斯也具备很强的优势，它拥有 1050 多万平方英尺的会展场馆，大约 14.8 万间的酒店客房，并且能够提供突出的特色服务，让客人宾至如归。

优越的软硬件会展条件，催生了一系列的国际展览项目。拉斯维加斯的会展业目前已走向专业化、规模化道路。拉斯维加斯举办的展览中有国际工程机械展、国际消费类电子展、国际汽配展、国际服装展、美国国际五金工具及花园用品博览会五项入围世界商展百强排名，此外，还举办有国际鞋展、国际美容美发、国际消费品及礼品博览会等大型展会。

三　机场城市大力发展展览业

孟菲斯机场是世界上最大的航空物流基地，许多世界知名的航空物流企业聚集在这里，从 1992 年至今一直是全球最大的货运空港。航空的发展并没有满足孟菲斯的胃口，它的目光投向了会展，并且利用自身的优势，打造便捷的符合会展举办的运输网。2011 年，孟菲斯迎来了第十届世界机场城年会暨展览会，该展会由英国著名的 Insight Media 公司为主办方，来自世界各地的将近 50 个国家的 625 名代表参加。这次年会空前盛大，与会的航空大城市包括美国本土的芝加哥、达拉斯、华盛顿，还有中国的上海和北京，以及其他地区兼具实力的航空城市。航空运输惠及孟菲斯地区的会展业，使得该地区成为北美名列前茅的展会大都市。

另一个典型的例子是巴尔的摩市。巴尔的摩是典型的五大湖城市群发展较早的地区之一，最初原始性的发展是依靠粗放的原料。巴尔的摩生产优质的木材，用没有产业链性质的砍伐树木，赚取原料钱。第三次产业革命的到来，让巴尔的摩市看到了自己的不足，于是，市政规划就把目光投向了会展。为了打造豪华的会展基础条件，当地政府把两块地给了君悦酒店和希尔顿酒店，就此解决了基础设施，也拥有了会展起步的资金。然而，巴尔的摩城市狭小，不适合建设机场，且环境恶劣，产业聚集难度大。但是它依托纽约大城市群的空运和海运交通，利用纽约、费城等大城市的航空交通优势，承办了难以计数的国际会议，成功地完成了商务人员和展品的输送，建立起完善的会展场馆交通脉络，促进了巴尔的摩市成功以会展业为支柱产业的转型，做到了会展兴市。

四 航运业务与节事活动密切合作

节事是会展业的重要组成部分，主要包括各种节庆和赛事。航空运输业对于美国节事活动的促进作用，最为显著的当属 NBA 赛事。NBA 代表着世界上最高的篮球竞技。NBA 拥有 30 支球队，球队分布于美国各地，比赛日程十分繁密，而体育赛事的顺利完成，必须要有航空运输做支撑。因此，NBA 就要把目光投向能使球员快速位移的飞机，节省时间，以此有充沛的体力来完成比赛，打出无与伦比的表现。所以，民用航空业便是 NBA 有力的合作伙伴。NBA 是民航公司的大客户，占据其年营业额的 20%，据估算，每支球队在空运球员业务上的花费大概在 100 万—300 万美元，数额相当巨大。当然，航空公司的服务也十分让人满意，企业把能容纳 124 人的飞机改装成豪华皮椅的专机，座位间距大，空间间距大，能面对面地打牌消遣，进行多项娱乐活动。

五 通用航空大显身手

美国是世界上通用航空最发达的国家，通用航空器世界占有量超过 2/3。通用航空克服了商用航空的飞行限制，对会展业尤其是会展旅游的促进作用巨大。同时，美国利用在通用航空领域的领先优势，创办了世界最大的通用航空公务机展。

（一）有效满足会展旅游需求

据美国公务航空协会统计，其成员有 70% 是通用航空公司，飞机 12000 架左右。2014 年，美国有超过 15000 个机场适合通用航空飞机起飞或降落，其中，机场条件优越、各项设施齐全、能便于要求较高的公务飞行的机场有 5000 个左右。美国对于通用航空空中管制的解除，使得飞行所受的政策约束降低。美国通用航空业务发展良好，可信度在人们的心目中很高，业务十分繁忙，租赁或者包机业务盛行。通航飞行器有"短途巴士"之称，能够有效满足参加展会的人员对空间位移高效、安全的需求，同时，也拉动了会展旅游的发展。

（二）催生世界最大的航空公务机展

美国通用航空的高度发达催生了世界通用航空公务机展的领头羊，即美国 NBAA 航展。虽然 NBAA 航展刚刚起步，但是却极具吸引力和发展潜力。据官方发布的消息称，2012 年，仅是参展商，各种大亨已超过千人，关于专业观众，有很多潜力消费者，共计 25000 人左右，场面十分宏大。据统计，在美国所有的展会中，NBAA 航展所创造的利润位居第四。奥兰多就是这个世界最大通用航空公务机展会的驻扎地。

奥兰多位于南部阳光地带，是度假、享受生活之地，迪士尼乐园也位于此，增添了娱乐的魅力。同时，它本身也是一个航空城市，奥兰多国际机场为世界第二十二大机场，年吞吐量达到 3000 多万人次，奥兰多国际机场是会展与城市各项活动的支撑者，它以机场为运载地，周转、搭载世界各地的旅客。

第二节　新加坡经验研究

新加坡位于马来半岛南端，属于热带雨林气候，靠近马六甲海峡，是印度洋通往太平洋的必经之地。新加坡面积狭小，资源不多，但是凭借地理优势和完善的航空运输体系，新加坡举办各种国际会议和展览，对经济起到了重要的促进作用。同时，庞大的商旅乘客也为新加坡的航空运输业带来了巨大的客货流量和业务收入。

一　航空运力保障会展国际化发展

据统计，新加坡的国际展会规模居亚洲第 1 位，居世界第 5 位，其中，新加坡完善的机场设施和强大的航空运力，以及特色的服务和良好的发展环境，促进了其会展经济的国际化发展。新加坡拥有 8 个机场，除樟宜机场外，其他都属于支线机场，但是在会议、展览活动、旅游等人流、物流的高峰季，尤其是在每年的 12 月份，公司类会议、展销会和节事活动特别多，这些支线机场就有效缓解了樟宜机场的运输压力，同时为乘客提供了便捷的服务，有利于货物的运输、送达。

（一）航空运力保障国际会展持续发展

新加坡樟宜机场一流的硬件设施水平（见表 7—1），决定了它相当强的运输能力，是当今世界第五大繁忙的国际机场，亚洲的主要航空枢纽，很多航班会在樟宜机场进行转机，国际化程度相当高。这些奠定了其会展业国际化发展的良好基础。

表7—1　　　　　　　　　　　　新加坡樟宜机场概况

位置	新加坡东端
开始运营时间	1 号航站楼 1981 年 7 月；2 号航站楼 1990 年 11 月；3 号航站楼 2008 年 1 月
总面积	1300 公顷——870 公顷为填海开垦
指挥塔台	80 米高
跑道	双平行跑道，相隔 1.64 千米，长、宽分别为 4000 米和 60 米
乘客航站楼	1 号、2 号、3 号、廉价航站楼和 JetQuay 航站楼
航站楼建筑面积	1 号航站楼 280020 平方米；2 号航站楼 358000 平方米；3 号航站楼 380000 平方米
每年乘客进出数量	1 号航站楼 2100 万人次；2 号航站楼 2300 万人次；3 号航站楼 2200 万人次
零售和餐饮	350 多家零售和服务商店；120 多家食品和饮料商店

资料来源：根据新加坡樟宜机场官网数据整理。

据统计，近几年樟宜机场的客运吞吐量和货运吞吐量持续创新高（见表7—2），反映了机场的运输能力，说明对于大型国际展览、会议活动的举办，新加坡有承接的运载能力。

表7—2　　　　　　　　2010—2014 年樟宜机场客货量

	2010	2011	2012	2013	2014
客运吞吐量（万人次）	4200	4650	5000	5370	5780
货运吞吐量（万吨）	166	172	183	185	196

资料来源：根据国际航空运输协会数据整理。

新加坡有着庞大且繁忙的航线（见表7—3），每天除了出发和返回的航班之外，很多的国际航班会在此转机，这无疑增强了新加坡作为会展城市目的地的可达性。

表7—3　　　　　　2010—2014 年樟宜机场起架航班架次　　　　单位：万次

	2010	2011	2012	2013	2014
飞机起降数	28.96	30	32.43	34.38	37.02

资料来源：根据新加坡樟宜机场统计数据整理。

（二）个性化服务吸引更多的国际旅客

樟宜机场在硬件扩展的同时，也从软件、服务方面继续保持或进一步提升国际水平。新加坡为此还专门制定了空管规划，以提高空管的效率和服务质量。樟宜机场在建的廉价航班航站楼和规划建设的 JetQuay 航站楼能够更好地按照旅客消费水平提供服务，旅客可以依据自己的收入水平，选择合适的消费。

航空公司不定期推出一些票价促销策略，吸引更多的国际旅客来新加坡。新加坡航空公司的服务在业界有口皆碑，在保持服务一致性的同时，又针对乘客的不同需求实行个性化服务。另外，在新加坡出入境也十分方便，旅客下飞机以后，所托运的行李 10 分钟就可以拿到。优惠的航空机票、个性化的服务，吸引更多的人去新加坡参加展会，尤其是一些综合性消费展会，观众人数更是暴增。

（三）机场交通网络方便旅客出行

在以新加坡为中心的 3 小时的飞行距离内，有 2.5 亿人口流动，这为办国际性的展会创造了有利的条件。新加坡樟宜机场不仅有强大的运输能力，还具备流畅的连接性，为新加坡举办大规模的国际展会提供了有力的支撑。机场内有 7 个高架列车免费服务的车站，1 号、2 号、3 号航站楼和廉价航班航站楼之间都有免费的巴士服务，能够将转机旅客或出入境旅客送到目的地。樟宜机场距新加坡市中心约 20 公里，地铁的樟宜机场站位于 2 号和 3 号航站楼的地下，前往市中心只需约半小时，十分便捷。

（四）航空物流保障展品安全运送

空运货物社群网络（Cargo Community Network）系统已在新加坡得到广泛的使用。新加坡樟宜机场通过网络技术平台处理空运货物事宜和相关单证，参展商不但可以借助该平台和航空货物公司进行商务联系，还可以随时随地了解所托运货物的运输位置、所处的运送环节和预计送达的时间。现代技术还为展品的安全运输和送达的准确性提供了保证，无线扫描仪、条形码的使用，使展品运送准确率达到 99%，让展品能够直接到达展馆或指定的展品仓库，确保展会的顺利进行。同时，也为展会上达成订单后商品的运输提供便捷，促进了商品的流通与贸易的发展。

二 高水准的国际展会带动效应更突出

新加坡举行国际展会的次数和规模，在亚洲均属前列。新加坡也是许多国际机构的总部和办事处所在地，如 APEC 的秘书处、励展集团的亚洲总部等，是全球会展活动的主办者首选地，新加坡每年举办的商业会展活动约 6000 场，占全亚洲总数的近 1/4。这些展览会不仅规模大，而且具有一定的号召力，观众的国际化参与程度很高，无疑会增加航空公司的业务量。

新加坡的 3 个会展中心，基本上每 3 天就会有一个展览活动。近年，新加坡展会每年的展出面积都在增加。展览面积的增加必然会引起参展人数的增加，展品运输的增加，而在新加坡这一岛国，举行的大多是国际性展会，必然会带动航空客运、货运量的增加。新加坡展览局统计数据表明，有 85% 的参展人员选择坐飞机出行，并且有 30% 的展品运输采用航空运输。这无疑增加了航空运输量，保障了航空运输业的持续稳定发展。

（一）国际会展保障航空客运业务稳步增加

新加坡的展览会，国际化参与程度较高，参展商和观众都来自世界各地。根据 2012 年新加坡旅游局的统计，旅客总数的一半以上是国外参展商和观众，国外参展商主要来自东南亚、南亚和欧洲，其中来自东南亚的最多，占总数的近 1/3。

以"新加坡亚洲博览会"为例，2012 年吸引了 530 家优质参展商，6000 多位来自东南亚、南亚、欧洲及澳洲等地的买家入场（见表 7—4）。

表 7—4　　　　2012 年新加坡展览会参展商及观众统计

地区	观众人数（人）	比例（%）	参展商人数（人）	比例（%）
新加坡	129563	33	65236	38
东南亚	152162	39	36507	21
北亚	34523	9	28516	17
西亚	12459	3	2163	1.2
南亚	15269	4	2648	2

续表

地区	观众人数（人）	比例（%）	参展商人数（人）	比例（%）
欧洲	25463	7	32415	18
大洋洲	15209	4	3987	2
非洲	2456	1	1006	0.8

资料来源：根据新加坡旅游局展览与会议署数据整理。

又如新加坡航展，2012 年有 50 个国家的 900 家参展商，134 个国家和地区的近 5 万名专业观众参展。在公众开放日的第 2 天，吸引了近 10 万名公众参观。除此之外，新加坡大型展会还有国际石油、天然气工业技术展览会、亚洲通信展、亚洲广播展、国际食品与酒店业展览会和国际纺织机械展等。这些展会的展出面积都超过 3 万平方米，规模盛大。

按照参展人员的 85% 选择坐飞机出行来计算，新加坡会展业对航空客运的贡献非常大。

（二）展品运输拓展航空货运业务及服务

参加国际性展会，参展商需要紧急运输展品的以及比较贵重的展品和运量不大的展品，参展商更多地会选择航空货运。樟宜机场入驻了多家航空货运企业（见表 7—5），为参展商提供国际展品的便捷运输。航空货运企业不仅提供运输服务，还负责展品的保险，负责展品的调动、配送甚至是直接与展会、展馆合作，成为展会的指定运输商。新加坡航空运输业配合国际会展业的发展，建立完善的航空货运服务体系，也拓展了航空货运业务，增加了航空货运收入（见表 7—6）。

表 7—5　　　　　　　　　　樟宜机场入驻的航空企业

	亚洲	欧洲	大洋洲	美洲	非洲
航空客运	中国国际航空 中国南方航空 海南航空 新加坡航空 印度航空 亚洲航空 韩亚航空	英国航空 卢森堡货运 荷兰皇家航空 汉莎航空 全录航空 TNT 航空	新西兰航空 捷星航空 澳洲航空	美国西北航空 美国联合航空	塞舌尔航空 津巴布韦航空
航空货运	联邦快递、捷达航空货运、全日空货运、胜安航空、新加坡航空货运等				

资料来源：根据新加坡樟宜机场、管理局数据整理。

表7—6 展品运输量及收入统计

	2009	2010	2011	2012
展品运输量（万吨）	0.95	1.25	2.26	2.68
展品运输收入（万元）	126	134	140	152

数据来源：根据新加坡会展网数据整理。

从表7—6可以看出，新加坡的展品运输量呈增加趋势，尽管2009—2011年增加得很缓慢，但在2012年，展品运输量比2011年增加的幅度大，随之展品的收入也比前一年增长得快，2011年增长率为4%，2012年的增长率为8%。除了参加展会进行的展品运输外，展会上或展后的订单，又会促进商品的流通，继而带动航空货物运输的发展。

（三）国际性消费展会带动能力更加强大

就展会的分类而言，一般综合类的展览和消费类展览，观众的数量会多一些。新加坡每年举办约6000个商业会展项目，其中有3200多个是国际大型会展活动，展会所涉及的行业很广泛，主要有建筑建材、文化艺术、商业、高科技等。除展览外，新加坡较高的国际开放度，还吸引众多的国际高峰会议在此举办，如国际货币基金和世界银行大会、国际反恐与安全大会等。

国际性展会的举办必然会引起大规模人、物的流动与聚集。以新加坡国际展览中心为例，每年举办的展览、会议、节事活动共1200多个，以文化、科技、商业展为主（见表7—7）。如每年为期10天的新加坡国际美食节，据主办方统计，近年来，国际美食节近1/3的参与者是游客，其中外国游客占20%以上，2012年吸引了50万人次的游客。

表7—7 新加坡国际会展中心举办的主要展会

月份	展会名称	周期	展会面积（平方米）	所属类别
3月	新加坡国际IT展	1年1届	10600	高科技
4月	亚洲都市风情展	1年1届	8110	商业
5月	新加坡半导体技术展	1年1届	10600	高科技
	国际图书节	2年1届	12000	文化艺术
6月	国际家居概念展	1年1届	3890	文化艺术
7月	新加坡礼品节	1年1届	3890	文化艺术

续表

月份	展会名称	周期	展会面积（平方米）	所属类别
8 月	新加坡投资节	1 年 1 届	3890	商业
	新加坡国际珠宝展	1 年 1 届	4220	文化艺术
9 月	国际美食节	1 年 1 届	5890	文化艺术
	亚洲生物测定学展会	1 年 1 届	2359	高科技
10 月	亚洲石化产品存储技术展	1 年 1 届	3890	高科技
	亚洲广告节	1 年 2 届	10600	商业
	国际价值投资物业展	1 年 1 届	2200	商业
11 月	Yebber 时尚展	1 年 1 届	2170	文化艺术
	新加坡印象展	1 年 1 届	7300	文化艺术
12 月	新加坡园艺博览会	1 年 1 届	22600	文化艺术

数据来源：根据新加坡国际展览中心网站数据整理。

三　会展与航空领域的通力合作

新加坡的会展业属于政府主导型运作模式。新加坡非常重视会展领域与航空领域的通力合作，上至政府部门的官方合作，下至会展公司与航空公司的业务延伸，新加坡会展与航空领域的合作形式多种多样，也极大地促进了会展经济与航空经济的协同发展。

（一）会议展览局与航空公司直接合作

新加坡旅游局的展览会议署并不是管理部门，主要任务是协调、配合会展公司开展工作。在新加坡举办会展没有任何管理法规，举办展会也不需要任何审批手续。新加坡政府虽然不直接参与举办展览活动，但协调配合会展公司开展活动且不收取任何费用，以吸引更多的展会在新加坡举办。政府在航空设施、展馆建设等方面都给予了大力支持，为展会活动的举行提供条件支撑。2003 年，新加坡会议展览局与航空公司合作，斥资 1 亿多港元推出"新加坡做得到"计划，以各项酒店房租、机票和餐饮折扣优惠来吸引国际会议、展览活动到新加坡举办，奠定了会展业与航空运输业协同发展的顶层制度。

（二）航空公司拓展会展商旅业务

新加坡航空公司在世界排名中居于前列，在亚洲地区排第 8 位，在世界乘客人数方面排第 6 位。新加坡航空公司拥有最年轻的飞机群，提供最有特色的服务，一直被誉为最舒适和最安全的航空公司之一。新加坡航空公司大力发展会展商务旅行，除了吸引更多的商务人士来新加坡参加会议、展览外，还带动了旅游业的发展。

（三）努力做大做强航空展会项目

1981 年，第一届新加坡航空展在巴耶利巴举行，从 1984 年的第 2 届航展迁至到新建的樟宜展览中心，此后新加坡航展一直在樟宜展览中心举行。如今，新加坡航展已是亚洲最大的商业与国防航空展，并与巴黎航展和范堡罗航展一起被称为世界三大航展。

（四）积极发挥会展场馆的临空优势

新加坡有三大会展中心，分别是新加坡博览中心、新达城展览与会议中心及莱佛士城会议中心。新加坡博览中心是亚洲最大的展览馆，距离樟宜机场有 5 分钟的车程。新达城会展中心及莱佛士城会议中心，20 分钟的车程都可到达樟宜机场。

新加坡会展场馆距樟宜机场的距离都比较近，而且会展中心周边都有配套的星级酒店及完善的地面交通设施，方便参展商、与会人员来往的交通和住宿。同时，使展品运输更加方便、快捷，减少了展品在周转中的损坏危险。会展场馆与机场配套设施的资源共享，不仅有利于会展经济的发展，也反映出会展经济与航空经济协同发展的巨大优势。

四　大力发展会展旅游业

新加坡是知名的会展城市，又是亚洲著名的旅游目的地，亚太地区的会展和商务、休闲旅游越来越倾向于选择新加坡为目的地。会展旅游业成为新加坡会展经济与航空经济协同发展的重要抓手。

新加坡旅游局与旅游企业、会展公司共同开展一系列营销奖励活动，联合推出全球会议推广活动。同时，新加坡樟宜机场是全球第一个实行所有航班旅客，直接通过廊桥方便地上下飞机，不用搭乘巴士的国际机场。这为旅客尤其是商务旅客，节省了不少时间。近年来，新加坡的会展旅游呈上升趋势，2010 年，到新加坡来旅行的商务旅行人士达 320 万人，2011 年达到近 400 万人，比上一年增加了 25%。现今，新加坡每年吸引来参加各种主题的国际会议和展览的旅游者达 150 万人次，占国外旅游者总数的 1/5。新加坡会展旅游的兴起，更是促进了航空运输的发展（见图7—1）。

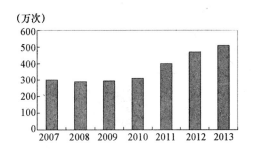

（万次）

图 7—1　2007—2013 年新加坡会展旅游接待人次情况

资料来源：根据新加坡旅游发展规划局数据整理。

五　非航业务展现协同发展效果

机场所拥有资源根据服务对象不同可大致划分为航空性资源与非航空性资源。非航空性资源是指除航空性资源以外的各类资源，如航站楼公共区、餐饮店、娱乐设施等。机场非航业务收入大致分五部分：地面交通集散地（停车场、物流园区）、候机楼商贸（多为特许经营）、贵宾厅、IT、广告。新加坡樟宜机场在确保航空性业务安全顺畅的同时，更加重视发展非航业务，促进非航业务收入的提高。

根据樟宜机场年报显示，由机场特许经营权、办公室及货舱租金等构成的非航收入占据了 58% 的份额，并且非航业务对机场利润的贡献越来越大，新加坡会展业对此贡献功不可没。新加坡作为一个国际会展城市，国际性展会占总会议、展览、节事活动的约 2/3，参展观众和参展商来自全球各地（见图 7—2 和图 7—3），大量的商务旅客也成为非航业务收入的重要消费群体。

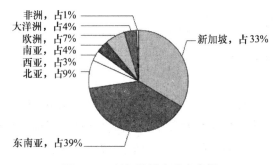

图 7—2　新加坡展会观众来源

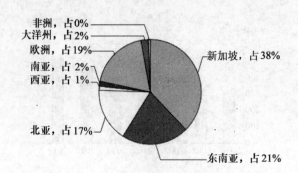

图7—3　新加坡展会参展商来源

第三节　法兰克福经验研究

　　法兰克福是欧洲第五大城市，是德国工商业、金融服务业和交通中心，也是著名的国际会展中心。法兰克福拥有德国最大的航空枢纽。法兰克福的莱茵—美因国际机场是全球最重要的国际机场和航空运输枢纽之一，也是欧洲第三大机场，仅次于伦敦希思罗国际机场和巴黎戴高乐国际机场。同时，法兰克福是全球会展实力最强的城市，是欧洲大陆最繁忙的展览场所，其商展规模、展商实力、场馆展能均居世界前列。法兰克福的会展经济与航空经济的协同发展优势明显，也积累了一些独特的经验。

一　会展业与航空运输业合作方式多样化

　　会展业与航空运输业在发展要素、资源优势等方面的天然契合性，注定了这两个产业之间的合作。法兰克福的会展企业和航空运输企业都表现出主动的合作态度，寻求多种形式的合作，有效地促进了两个产业的协同发展。

（一）航空公司涉足会展业务

　　航空公司实施前向一体化战略，有些航空公司尝试开办展会，比较多的是航空公司设立会展旅游部门，从事会展的相关业务运行。法兰克福机场属于德国汉莎航空公司，综合实力雄厚，也拥有很多的子公司，在法兰克福会展业中拥有稳定的市场资源，航空公司不仅给予会展公司许多的优惠服务，而且直接参与为参展商和观众提供便利。目前，全球涉足会展业务的航空公司越来越多，如马来西亚航空公司设立会展旅游部门，我国上航集团则成立上航国际商务会展公司。

（二）航空公司寻求展会合作

对于没有会展业务部门的航空公司，也意识到了与会展领域合作的重要意义，通常会寻求展会的合作。这种合作不同于航空公司的业务拓展，是一种外部的合作，同样可以为参与展会的人员提供订购机票，订酒店，价格优惠等服务。这些航空公司会以优质的服务为核心，主动去获取参展商的个性偏好等信息，打造差异化的服务，力求取得会展业带来的客户资源。

（三）会展公司寻求航空公司支持

在会展企业与航空运输企业的合作中，由于航空公司的规模一般都比较大，而会展公司大部分都是中小型的企业，航空公司的前向一体化也只会寻找一些实力雄厚、知名度高的展会合作，对于大部分的还在发展阶段的展会组织者来说，主动寻求航空公司的服务支持是必由之路。会展业内人士主动寻求航空公司服务支持，在机票订购、酒店预订、特殊优惠服务等方面获得服务支持，这对于会展企业来说，是由传统的策划展会、邀请参展商、举办展会发展到现今为参展商提供额外的便利服务，扩大了服务范围，提升了服务水平，进而也促进了法兰克福会展业的发展。

会展活动会带来最直接的人员和货物流动，尤其是法兰克福多举办国际展会，航空运输方式的选择成为参展商和观众的第一考虑。

二　强强联手协同发展成效显著

法兰克福会展业面向世界，航空运输业自然成了展会组织者的合作对象。同时，航空运输业意识到会展业相关业务已经成为一个新的利益增长点，主动寻求与会展业的联系。会展业与航空运输业两个主体都表现出主动的行为，实现了强强联手，协同发展的效应更加显著。

（一）对航空运输业的促进

强强联手，在给法兰克福带来巨大的客流、货流的同时，扩展了法兰克福航空货运的范围，也促进了机场硬件设施和服务质量的提升。

1. 为航空公司带来巨大客货流量

法兰克福是国际会展中心，每年有超过 5 万场会议在法兰克福举办，至少 260 万观光者参与。在会展活动进行期间，除了大量人员的流动外，还有大量货物的流动。法兰克福致力于发展国际展会，每年都要举办超过10 场大型国际展会。参展商中有一半来自国外，货物在展会开始前通过航空运输运入法兰克福，在展会结束后，还会有大量的展品运出法兰克福。众多展会参展人员及参展物品的运送，需要法兰克福国际机场有较强的运输能力，同时也为法兰克福国际机场带来更多的客货运业务，直接增加了机场业务收入。

2. 促进机场货运业务范围扩大

会展业发展在为法兰克福航空运输业带来大量业务量的同时，也在一定程度上扩大了其业务范围，货物运输内容增加，货物运输网络扩大。

（1）货物运输内容增加。在没有会展活动影响的航空货运中，主要运输的货物来自个人旅行和商业运输。个人旅行的物品运输包括个人行李、文件、礼物等；商业运输的货物一般都是高端制造业的产品，如电子产品、精密仪器、药物等。而展会的举办，为航空货运带来了多种多样的货物类型，如法兰克福图书展的书籍，贸易展中的交易品，还有食品、家具等。这些物品原来在航空货运中所占比重较小，由于法兰克福会展业的发展，展会不断增多，这些展品的运输量在逐步增加，不断扩充了航空货运的范围。随着法兰克福会展业水平持续提升，将会有更多的物品用于航空运输。

（2）货物运输网络扩大。法兰克福致力于发展世界性展会，在全球有许多的会展子公司，每年在世界各地开办 100 场以上的展会，这些展会在很大程度上通过航空货运来进行展品运输，会展活动的举办目的地增多，使得货物运输网络不断扩大，本来货运量少的航空线路逐渐壮大，如2013 年我国国航也开通了到法兰克福的货运航线。货物运输网络的扩大，不仅得益于展会举办期间的展品运输，更得益于展会举办结束后的成交货物运输。展会不仅增加了本地企业的销售额，成交货物的外运要求增开越来越多的货运航线，也进一步成为机场货运水平提升的契机。

3. 促进机场硬件质量提升

航空运输能力的判定主要基于机场的硬件设施水平，包括机场飞机数量、跑道、候机厅、登机走廊、机场停车坪等。法兰克福国际机场客流量从 2000 年的 4936 万人次增长到 2014 年的 5960 万人次，对机场的硬件要求必然增高。

法兰克福国际机场的一号航站楼建成完工后于 1972 年 3 月 14 日开始运行，之后新建了二号航站楼，并在 1994 年 10 月 24 日投入使用。就综合实力来看，法兰克福国际机场不是欧洲最强的，落后于法国巴黎的戴高乐机场和英国伦敦的希思罗机场。2014 年伊斯坦布尔机场的发展势头猛进，有超越法兰克福国际机场的趋向。鉴于会展业持续崛起，国际机场的竞争加剧，法兰克福国际机场申请新建第 4 条跑道和三号航站楼，并且改建机场设施。法兰克福国际机场扩建以后，2020 年旅客运营设施能力有望提高一倍，这将极大提升法兰克福国际机场的综合实力。

4. 促使机场服务质量提升

会展活动为航空公司带来巨大客流的同时，也对航空服务提出了更高的要求。

转机时间短。在法兰克福国际机场下飞机再转坐其他飞机的旅客很多，基本上每两个在此的旅客中就有一个是转机的，不仅仅是机场运输能力强，机场贴心的服务也发挥了重要的作用。为了保证乘客的便利，机场精简转机步骤，将多余的工作去除，以最快的速度为乘客服务。机场一般能将乘客的转机时间控制在 40 分钟以内，最快时能达到半个小时就可以完成乘客转机工作，这正是乘客所需要的。

良好的客户服务。法兰克福国际机场的客户服务主要体现在两个方面，一是客户关系的处理，如果乘客在机场遇到了不可预知的问题或者有什么疑问，都可以找机场工作人员寻求帮助，在机场工作人员的能力范围之内都会得到满足；二是提供额外的服务，包括免费网络的使用，良好的待机厅，专门的人员登机提醒都使在这里登机的乘客有良好的体验，机场对乘客服务工作的认真态度和良好的执行力使得效果显著，乘客对此也均认可。

另外，由法兰克福国际机场登机指廊 A 翼扩建项目可以了解到，法兰克福国际机场为了方便乘客的登机，对登机指廊进行了很大改善。登机桥数量增加到 7 座，对应供大型客机使用的 7 个洲际机位，安检口数量也有所增加，停车位达 280 个，电梯为 32 部，这些扩建设施使乘客将获得明显的便利，无论是在到机场停放汽车，还是在登机时的便利度上，乘客都会感受到比之前更加的便利，也使法兰克福机场服务水平不断提升。

（二）对会展业的促进

法兰克福国际机场运输能力强、运输网络大，为展会顺利举办提供了强有力的支撑。同时，法兰克福的航空运输业还在传播展会品牌、扩大展会规模、助推展会国际化方面发挥了重要的作用，促进了法兰克福会展业的升级。

1. 保障展会顺利举办

法兰克福国际机场位于市区西南部，综合实力排名德国第一，乘客运送人次逐年增加，2014 年突破了 5960 万人次。法兰克福国际机场的运输网络十分庞大。在欧盟排名第三的法兰克福国际机场航线网络遍布世界各地，可谓四通八达。这正是法兰克福会展业所需要的，每年参加法兰克福国际展会的参展商 50% 以上都来自国外，便利的航空运输线路，为世界各地的参展商提供了便利。另外，法兰克福国际机场每年运送的货物有 240 万吨，货运能力在欧盟范围内首屈一指，也是汉莎航空五大枢纽中最大的一个，有效地保证了货物运输能力。这些都保障了展会的顺利举办。

2. 推动展会品牌传播

航空运输业在法兰克福展会知名之路中扮演着重要角色。

首先，航空运输为法兰克福展会的宣传做出了巨大贡献。法兰克福会展业与航空运输业合作，将展会宣传到世界各地，由于发达的航空运输业，世界各地有意愿的参展商和专业观众都可以亲自到法兰克福进行考察，参观展会，使展会被更多人所了解。

其次，法兰克福注重发展国际展会，参加法兰克福展会乘坐飞机是很好的选择，航空运输业与会展业关联程度高，对法兰克福航空运输业的认同增加参会的可能性，并且强强联手打造的贴心服务使参展人员更愿意前往，进而提升了展会的规模和知名度。

3. 助力展会扩大规模

德国会展业的发展理念是少而精，成为国际会展强国，其"强"不在于它的展会数量多，而在于展会水平高、展会规模大。法兰克福展会规模的扩大也得益于航空运输业的崛起，加强了世界各地的联系与交流，使得大量的国外参展商涌入法兰克福展会。如法兰克福书展，2007 年中国有 160 家参展商参加；2011 年有近 200 家出版商参加。不仅是在国内，法兰克福书展已经延伸到国外发展，近年，法兰克福书展的主办方与世界多地开展合作，在各地举办多场书展，如开普敦书展和阿布扎比国际书展。借助航空运输业的优势，法兰克福在发展展会的规模，创造著名展会的路上更加努力，不仅在国内扩大展会规模，还将著名展会推向世界。

4. 助推展会国际化

国际性展会已经成为世界会展发达地区市场竞争的新高地。国际展会的一个最关键的特征就是其国际化，主要是对空间地域的要求，这个要求已经超出了国家的概念，融入了全球化趋势的浪潮中。国际展会超越国界，但同时展会的迅捷性又对时间提出了要求，而这个要求只有航空运输可以满足。所以，国际展会的举办，首先要求航空运输足够发达。法兰克福国际机场发达的航线网络便于国际参展人员和参展物品的运输，其场区便捷的地面交通连接和运输途径，更为参展人员提供了便捷性服务，保证展品更安全、更准时、更可靠地到达展馆。法兰克福国际机场的航运优势，极大地促进了国际会展活动的举办，法兰克福国际展会的崛起也多是沿着航空运输线路形成的脉络。

（三）对城市经济的促进

良好的交通体系是举办展会的必要条件，也是城市经济发展的重要基础，更是城市形象的重要展现。法兰克福会展经济与航空经济的协同发展，造就了一个实力强大、环境优越的国际中心城市。法兰克福有 65 万人口，能够提供就业岗位 59.6 万个；人均 GDP 达到 67940 欧元，远远超过德国的平均值。

会展经济与航空经济的关联性高、产业带动强。据德国政府的统计，法兰克福市直接与机场有关的行业，如航空公司、飞机维修公司、空管部门等，直接创造近 7 万个就业岗位，而每个直接与机场有关的就业岗位又可以带动 3.3 个间接就业岗位，粗略计算一下，法兰克福国际机场所创造的直接与间接就业岗位接近 30 万个。

三 "法兰克福经验"总结

总体来说，法兰克福会展业与航空运输业在各自的发展中对另外一方的积极影响很大，相互的积极影响使得在法兰克福经济中都非常重要的两个行业建立起了协同关系，构建了一种相互促进的发展模式，形成了会展经济与航空经济协同发展的"法兰克福经验"，对于提升城市综合实力，促进城市经济发展都有重要意义。

（一）合作产业链长

法兰克福会展业与航空运输业合作不断深化，在多个领域进行合作，航空公司对展会的宣传，航空公司设立专门的会展旅游部门，会展组织者与航空公司合作，为参展商和观众提供优惠服务等都是会展业与航空运输业将联系不断加深的表现。

（二）联系稳定度高

法兰克福会展业与航空运输业的发展都是政府和业内人士着重关心的焦点，两者相互促进的发展模式带动了经济快速发展。除了企业之间的协同协作，两个行业的协同关系也受到政府和行业协会的支持。法兰克福政府和行业出台了大量有利于会展业和航空运输业崛起的优惠政策，这些政策具有很好的相互支撑性，使得会展业与航空运输业的这种互促关系更加稳定。

（三）协同水平高

两个行业间的协同发展过程中，水平相近是非常重要的。法兰克福会展业与航空运输业的水平都很高，相关的产业水平同样高，与整个经济环境相协调，这使得会展业在与航空运输业的互促关系中，在相互合作、配合的时候，不容易出现脱节的现象，都能够顺利地发展。

会展业与航空运输业之间的互促都会对现有的服务提出更高的要求，在实际的实施中去提升行业能力。发展水平高的行业在相互合作的过程中产生的问题也会得到更快地解决，且由于水平实力的支持，相互的促进会更快，有助于行业水平的提升。

（四）发展环境优越

1. 经济环境

会展业和航空运输业的发展对经济环境的要求较高。会展业发展中，场馆建设、展会举办、配套设施都需要雄厚资金的支持，航空运输业更不必说。法兰克福是德国重要的商业、经济和交通中心，也是国际经济中心、国际会展中心。

良好的经济环境下，法兰克福对会展业和航空运输业的投入力度也非常大。会展场馆由政府出资建设，会展场馆的运作是政企分离的，从而保证会展场馆的高效运营和合理利用。

2. 空间环境

法兰克福经济高度发达，但是法兰克福却并没有过度膨胀，城市规模适中，从而避免了"大城市病"。法兰克福周围小城镇极为繁多，分流了大量人口，大大减轻了法兰克福市区的交通、住房压力。这些为法兰克福举办国际性展会提供了便利。

同时，法兰克福拥有两个机场：法兰克福国际机场和法兰克福—哈恩机场。虽然法兰克福—哈恩机场距离法兰克福市中心很远，航班通常比较便宜，而且往返于市中心与机场的旅游巴士非常方便，游客可以观赏到沿途小镇的优美风光。法兰克福周边小镇有着完善的基础设施，交通便利、风景优美，居住质量要高于城市。这也吸引了很多企业安家落户，不仅提供了很多就业岗位，也为法兰克福会展业的发展提供了环境和旅游资源。

第四节　东京经验研究

东京是世界著名的航陆空交通发达城市，是国际航空口岸，目前拥有羽田机场和成田机场。同时，东京的会展业已经在亚洲会展业中占有一席之地，具有强大的发展潜力。东京借助自身发达的经济，经常举办各类国际性文化交流活动，包括东京音乐节、东京国际展会和东京国际电影节等。东京的会展业和航空运输业的发展有自身的优势和特点，同时两者的发展存在紧密的内在联系。

一　会展业与航空运输业概述

航空运输业和会展业同属于临空产业，两者之间有着密切的联系。东京是著名的空港城市，拥有羽田空港和成田空港，规划合理、特色显著、优势明显的主导产业是临空经济发展的动力源泉。东京利用机场提供航空运输的优势，大力发展会展业，使会展业成为东京新的城市名片。同时，为了适应会展业的发展需要，东京加快机场航站楼的建设，围绕展会类型发展航线类型，会展业增加航空运输业务量的同时，也提升了航空运输业的服务质量。

（一）东京会展业发展概况

东京会展业的发展始于"二战"之后，在发展初期，东京会展业主要针对国内市场，由于缺乏对国际市场的开拓，绝大多数的参展商和观众来自国内企业。随着经济全球化程度的加深，国际间贸易往来愈加频繁，支柱产业国际依赖程度更高，应市场之需，东京会展业开始开拓国外市场，举办国际性展会占总展会的比重日益增加。

日本贸易振兴会和日本观光振兴会是专门管理会展业的政府组织。为了更好地促进会展业的发展，日本贸易振兴会还专门设置了会展部，直接管理会展业发展的相关事务。此外，日本还分别成立了会议和展览会相关的协会，会议方面的协会有日本专业会议主办商协会和日本会议营运事业者协议会，展览会方面的协会有日本大型活动振兴会和日本展示会协会，这些协会管理着会议和展览会的运行等，使会展业发展更加有序。

目前，东京举办的展会涉及很多行业，如服装、礼品、食品饮料、电玩、汽车、动漫等行业，东京的支柱产业都有各自成熟的展会，表7—8是东京十大国际展览会及部分国际赛事。东京有齐全的会展设施，据日本POP株式会社统计，2013年东京会展设施有103个，15个展馆，另外，日本2020年夏季奥林匹克运动会申奥办表示，奥运会涉及37个运动场馆，还将新建22个展馆，大部分建在东京。

表 7—8　　　　　　　　　东京十大国际展览会及部分国际赛事

东京十大国际展览会	东京国际动漫展览会
	东京国际化工展览会
	东京国际礼品展览会
	东京电玩展览会
	东京汽车展览会
	日本东京国际珠宝展览会
	日本东京国际建材展
	东京国际服装展览会
	ISF（东京）国际鞋类展览会
	东京国际食品与饮料展览会
东京部分国际赛事	1964年第18届国际夏季奥林匹克运动会
	2020年东京夏季奥林匹克运动会

（二）东京航空运输业发展概况

东京是全球航空运输的重要枢纽，拥有羽田机场和成田机场，其中成田机场为世界十大机场之一；羽田机场修建于1931年，目前拥有4条跑道，3个航站楼，以国内航线为主，是日本客流量最大的机场（见表7—9）。2014年羽田机场旅客吞吐量达7164万人次，同比上升1.4%，在全球排前4名，是全球十大繁忙机场之一。为了缓解羽田机场巨大的客流量，1978年修建了成田机场，现拥有2条跑道，3个航站楼，以国际航线为主，是日本客流量第二大的机场，其货流量则居日本第一，世界第二。表7—9和图7—4、图7—5主要显示了随着时间的变化，羽田机场和成田机场的跑道和航站楼建设情况，并且能够看出与会展业发展的联系。

表 7—9　　　　　　　　　东京羽田机场和成田机场概况

机场 \ 类别	别名	始建（年）	航线类型	跑道数量（条）	航站楼数量（个）	其他
羽田机场	东京国际机场	1931	国内航线为主	4	3	客流量居日本首位
成田机场	东京新国际机场	1978	国际航线为主	2	3	客流量日本第二，货运吞吐量日本第一、世界第二

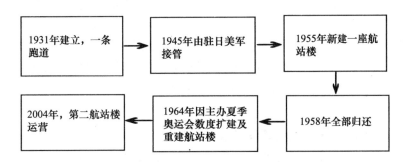

图 7—4　东京国际机场（羽田国际机场）历史轴

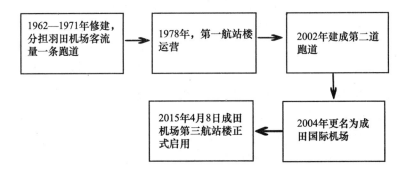

图 7—5　东京新国际机场（成田国际机场）历史轴

东京不仅拥有完善的机场设施，而且还是日本两大航空公司的总部所在地，即全日空（All Nippon Airways，ANA）和日本航空（Japan Airlines）。日本两大航空公司拥有极强的公司实力，根据航空服务调查机构 Skytrax 公布的数据显示，2014 全球最佳航空公司排名中，全日空位列第

6；在 2014 最佳头等舱排名中，全日空位列第 2，日本航空位列第 10；2014 最佳头等舱餐饮排名，全日空位列第 2，日本航空位列第 9；在 2014 最佳经济舱排名中，全日空位列第 7。这些都为东京会展业的发展提供了切实的保障。

二　申办奥运会助推航空运输业发展

航站楼，是机场内为乘客提供陆路交通和空中交通转换的一个设施，是旅客进行购买机票、托运行李、安检等一系列登机前工作的场所。东京国际机场数次扩建及重建航站楼，与东京举办世界性展会具有密切关系。1964 年，东京举办夏季奥林匹克运动会，但当时的羽田机场不能满足赛事期间增加的客流量和货流量的要求，因此新建了一座新的航站楼，以保证夏季奥运会顺利举办。幸运的是，东京再次取得 2020 年夏季奥运会举办权，为了此次国际赛事，政府决定开通新的国际航线，增加飞机通航城市，东京会展业的发展可以促进机场的建设，有助于加快航空运输业的发展。

三　机场分工和场馆建设紧跟展会需求

东京的空中交通十分发达，是国际著名的航空港口，拥有羽田机场和成田机场两大机场。并且，东京的"一市两场"分工明确，羽田机场离东京市区较近，主营国内业务，是世界十大繁忙机场之一，承担了一半以上的国内航空旅客运输任务。成田机场主营国际业务，距离东京市区较远，但是其客源主要来自东京。据日本展示会协会统计，东京 2013 年举办展会 381 个，其中国内展会约占 37%；国际展会约占 63%，由于参展商和观众来自的地区不同，所以对交通的要求有所不同。一般来说，国外参展商和观众需要搭乘国际航班或再转机国内航班，国内参展商和观众则搭乘国内航班。因此，东京展会的类型与航线的类型是相互适应的，东京申办 2020 年夏季奥运会案例可以更好地佐证两者的关系①。

① 根据日本国土交通省 2014 年 8 月 5 日公布的《交通政策基本计划的中期汇总方案》显示，将增加羽田机场和成田机场的国际航线，使其能够满足 2020 年夏奥会期间增加的航空客流量和货流量的要求。该方案还指出，现在东京两大机场的国际航线的通航城市是 88 个，国土交通省希望通过增加国际航线，占据亚洲机场前列。另外，国土交通省还将出售廉价机票，以达到至 2020 年国际航线的 LCC 利用率从 2013 年的 7% 增至 17%。与此同时，国土交通省将推进廉航，在地方机场开通国际航线业务。

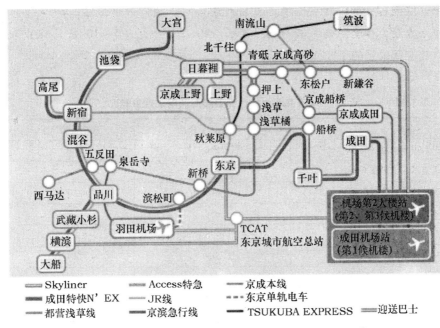

图7—6　东京羽田机场、成田机场与市内交通示意图①

东京三大会展场馆所在位置交通都较为便利，处于交通主干道，有便利的交通可以到达。但是，东京的会展场馆离羽田机场的距离很近，由于羽田机场主要是服务于国内乘客，所以国际展会带来的客流量必须依赖成田机场。为此，羽田机场和成田机场之间建立了多种便利的交通方式联通（见图7—6），使参展商和参展观众能够顺利地到达展会场馆。

四　国际展会促进两个产业协同发展

东京会展水平和规模相对较高，半数以上为国际性展会，会展业带来的客流量和货流量直接和间接地增加了航空运输的业务量，也提升了机场针对会展商务旅客的服务质量，从而促进了会展业的繁荣。

（一）直接增加航空旅客运输量

展会的举办需要有交通的支持，特别是国际性展会更需要借助航空运输业。每年东京都会因为各种展会的举办而迎来众多的国内外参展商及观

---

① 根据 http：//www. narita - airport. jp/chl/access/train 整理。

众，这些客流量必然对机场客流量产生影响。统计数据显示，2013 年东京十大展会参展商共计 8327 家，观众 190 万人（见表 7—10），占东京航空旅客运输量的 1.81%。

表 7—10　　　2013 年东京十大展览会参展商及观众数量概况

	参展商（家）	观众（万人）
东京国际动漫展览会	216	13
东京国际化工展览会	617	6
东京国际礼品展览会	1021	21
东京电玩展览会	352	25
东京汽车展览会	178	27
日本东京国际珠宝展览会	2000	84
日本东京国际建材展会	433	5
东京国际服装展览会	421	3
ISF（东京）国际鞋类展览会	690	4
东京国际食品与饮料展览会	2399	2
总计	8327	190

资料来源：根据中国会展网资料整理。

（二）间接增加航空旅客运输量

间接增加航空旅客运输量指的是展前、展中、展后因会展旅游带来的游客对航空客运量的影响。如参展商和参展观众在展前、展中进行的会展旅游。又如每届奥运会的举办都会产生一些地标性的场馆建筑，往往会成为新的旅游景点，奥运会结束之后也会吸引大批国内外游客参观场馆，这些游客就会间接增加东京航空运输业的旅客运输量。当然，航空运输业的发展也将促进会展旅游的发展，从长远来看，其关联性会日趋强化。

（三）机场优质服务的双赢效应

由于东京会展业规模大、档次高、国际化程度高，所以带来的参展商和观众多是有较强消费能力的商务客人，他们对机场服务质量的要求也比较高，如方便的停车场、高档的餐饮、良好的住宿环境、舒适的候机厅、方便快捷的登机等，这也是机场争取会展客流的关键点。与此同时，东京航空运输业也牢牢抓住会展业发展的契机，为会展带来的商务乘客提供优质的服务。在 2013 年世界机场服务质量排名中，东京羽田机场居世界第二，拥有世界最低的航班晚点率，并被评为世界卫生状况最佳的机场。随着东京航空商务乘客的增加，会展商务乘客数量也逐年增长。

由此可见，东京会展业带来的商务乘客不仅增加了航空客运量，而且凭借商务乘客独有的特点提升了东京航空运输业的服务质量，同时，航空运输业服务质量的提升也有助于提高商务乘客的满意度，间接提高乘客对东京会展业的认可度。由此，东京会展业与航空运输业形成了良性互动发展。

本章小结

本章以美国、新加坡两个会展业强国，以及法兰克福、东京两个国际会展城市为例，探索其会展业与航空运输业协同发展的经验。它们的经验各具特色：美国依托发达的航空运输业，开发专业性航空会展取得了显著成效；新加坡大力发展国际会展业，会展领域与航空领域通力合作，极大地促进了会展经济与航空经济的协同发展；法兰克福的会展业与航空运输业强强联手，建立了稳定的协同发展关系；东京借助奥运会带动航空运输业和会展业的繁荣。

同时，它们的经验中也有一些共同特点，值得推广借鉴：①临空经济比较发达，会展、金融、娱乐、餐饮以及旅游等相关服务业在机场周边地区逐渐集中，特别是会展经济与航空经济的联系越来越紧密；②重视会展商务旅客对于会展业和航空运输业的重要意义；③以展品运输为契机，关注展会成交货物，积极拓展航空运输业务和范围；④注重会展业与航空运输业的多种形式、多层次的合作；⑤加强国际会展业的发展，充分发挥国际性展会强大的带动效应；⑥不仅是会展业，航空运输业也十分重视会展旅游，极力扩大会展活动的展前、展中、展后效应。

通过查阅资料、收集数据，本章得出了一些结论，可以验证航空运输业与会展业具有相互促进、协同发展的关系。但是由于数据和资料的限制，只是分析了会展业与航空运输业的关系，只能从核心产业论证会展经济与航空经济的协同关系，其他相关产业的数据还未做论述，还有许多内容没有述及，这些也是需要进一步研究的内容。

第八章 会展经济与航空经济协同发展的国内经验

作为亚太地区乃至整个世界最重要的会展市场之一，中国会展业已经成为国际会展大格局中的重要一极。截至 2011 年底，中国会展业已经形成了长三角、珠三角、环渤海三个会展城市群，东北、中部、西部三个会展城市带和海西、海口两个会展城市圈①。本章选取国内主要会展城市为研究对象，并就北京、上海、广州三个会展发达城市和珠三角会展城市群进行案例研究，根据其会展业与航空运输业的发展特点及经验，探寻会展经济与航空经济的互动效应，归纳出我国会展经济与航空经济协同发展的特点及主要因素。

第一节 总体发展概况

会展业是会展经济的核心产业，航空运输业是航空经济的核心产业，探讨会展经济与航空经济发展的协同作用，必须以会展业和航空运输业为抓手，以会展业与航空运输业协同发展为基础开展研究。

一 国内会展业发展概况②

起源于欧洲与北美的会展产业，如今已毫无疑问地成为最具活力的全球性产业之一。尽管我国会展业只是在改革开放后才逐步出现，但随着中国经济的快速持续发展和对外开放的深入扩大，特别是申办 2008 年北京

---

① 张敏等：《中外会展业动态评估年度报告（2012）》，社会科学文献出版社 2013 年版。
② 此部分数据和观点来源于中国会展经济研究会《2014 年度中国展览数据统计报告》以及《中外会展业动态评估年度报告（2012）》的相关统计，数据来源和具体研究请参阅报告原文。

奥运会和 2010 年上海世界博览会成功之后，我国会展业总规模年均增长 20%，在全球会展界异军突起，成为中国经济的新亮点。

（一）"三三二"格局

商务部在《关于"十二五"期间促进会展业发展的指导意见》中指出，要把会展业培育成我国现代化服务业的战略先导性产业。截至 2011 年底，中国会展业已经形成了"三三二"格局，即三个会展城市群、三个会展城市带和两个会展城市圈（见表 8—1）。

表 8—1　　　　　　中国会展业的"三三二"格局

三个会展城市群	长三角会展城市群	以上海为龙头，包括南京、苏州、南通、杭州、宁波、温州、义乌、合肥等城市
	珠三角会展城市群	以广州为中心，依托香港、澳门，包括深圳、东莞、顺德、珠海、中山等城市
	环渤海会展城市群	以北京为中心，包括天津、青岛、济南、石家庄、烟台、潍坊、威海、唐山、廊坊等城市
三个会展城市带	东北会展城市带	包括大连、长春、哈尔滨、沈阳等城市
	中部会展城市带	包括武汉、郑州、长沙、太原、呼和浩特等城市
	西部会展城市带	包括成都、重庆、西安、昆明、南宁、乌鲁木齐等城市
两个会展城市圈	海西会展城市圈	包括福州、厦门等城市
	海口会展城市圈	包括海口、三亚等城市

（二）展览业蓬勃发展

近年来，我国展览业快速发展，已经成为构建现代市场体系和开放型经济体系的重要平台。国内会展场馆建设蓬勃兴起，展览项目居世界第二，还产生了一批获得 UFI（国际展览联盟）认证的国际专业展览。2014 年，据中国会展经济研究会对全国 418 个样本城市的统计，有 141 个城市举办了各种展览，比 2013 年增加 12%，办展总数量达 8009 场，办展总面积达 10276. 511 万平方米。2014 年境外办展共涉及 41 个国家，相对于 2013 年增加两个国家，增幅达 5.1%。

（三）各地重视专业展馆建设

会展场馆建设是国内会展业竞争的重要手段。据统计，2014 年已建、在建和待建场馆无论是数量还是面积都比 2013 年有大幅上升（见图 8—1 和图 8—2）。

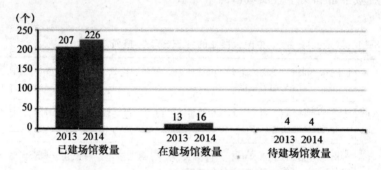

图 8—1 2013—2014 我国专业场馆数量对比

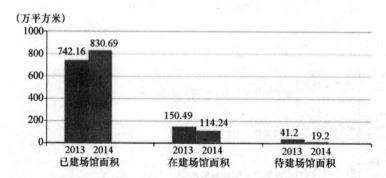

图 8—2 2013—2014 我国专业场馆室内面积对比

2014 年调研的城市中，专业展馆室内面积达 964.13 万平方米，其中已建的展馆总面积为 830.69 万平方米；在建的展馆总面积为 114.24 万平方米；待建的展馆总面积为 19.2 万平方米。从专业展馆的室内面积上看，山东省的展馆面积最大，达 147.86 万平方米；其次是广东省，为 84.55 万平方米；第三是上海市，为 83.48 万平方米。同时，还有 9 个省份有在建场馆，辽宁省有 6 个展馆在建、山西省和四川省各有 2 个展馆在建，河南省、湖南省、山东省、西藏自治区、浙江省各有 1 个展馆在建。其中，湖南、四川和江西省建馆面积都在 20 万平方米以上。

二　国内临空经济发展概况①

临空经济的发展主要依托机场，把发展临空产业作为支撑。统计显示，我国（大陆）机场客运吞吐量在 1000 万以上的空港所在城市全部规划发展临空经济，并且拟建造航空大都市；而我国（大陆）机场客运吞吐量在 500 万—1000 万的空港中，75% 以上的空港所在地区规划了发展临空经济②。

2014 年，连玉明主编的《中国临空经济发展报告（2014）》对于我国临空经济发展的现状进行了比较全面系统的研究，指出我国临空经济的发展历程及特点。

我国临空经济的发展历程大致可以分成三个阶段。第一个阶段是萌芽起步阶段，1992—1998 年，北京、上海等几个特大型城市开始构建临空经济区；第二个阶段是快速发展阶段，2000—2005 年，一些区域性中心城市相继，如哈尔滨、广州、大连、天津、西安等开始构建和规划临空经济区；第三个阶段是"井喷"发展阶段，2006 年以来，一些内陆或沿海的大中城市纷纷加入临空经济区的建设，形成了一整套规划及政策支撑体系。目前，我国已经建设和规划的临空经济区已经达到 52 个（国内临空经济区的统计详见《附录一：表 1—我国临空经济区及依托的机场统计》所示）。

尽管我国临空经济起步较晚，但是临空经济的发展受到政府和学者的高度重视，在吸取世界范围内的成功经验的基础上，随着我国经济的飞速发展和市场需求的巨大增进，临空经济发展势头迅猛，状态良好，呈现出三大基本趋势：临空经济区的聚集模式——产业拓展、转移和升级，临空经济的发展形态——以现代服务业为主体，临空经济的发展趋势——港区一体化协同发展。

---

① 此部分概括自连玉明：《中国临空经济发展报告（2014）》，社会科学文献出版社 2014 年版，数据来源和具体研究请参阅报告原文。

② 白杨敏、曹允春、王婷婷：《我国临空经济产业结构调整模式研究》，《学术交流》2013 年第 11 期。

三　协同发展概况

在我国，会展经济与航空经济协同发展的特点已经可以窥见一斑，以下将从三个方面进行论述。

（一）会展业成为临空经济的重点产业

临空经济区内的产业主要是航空服务业、会展业、现代物流业、高端制造业以及高新技术产业等。在我国临空经济区，会展业已经成为临空产业的七大重点产业之一。根据我国现有 52 个临空经济区（包括规划期的）的产业布局统计，所有的临空经济区都发展或者规划了会展业（具体产业统计可以详见《附录一：表3—我国主要临空经济区产业统计》）。根据相关数据统计，会展场馆在临空经济区的布局十分明显（详见图8—3），为会展业的发展提供必要的硬件基础。

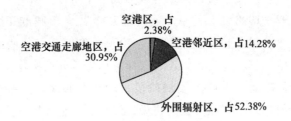

图 8—3　会展场馆在临空经济区内分布情况统计

资料来源：根据中国临空经济网、各临空经济区官网、中国会展网资料整理。

由图 8—3 可知，临空经济区会展场馆主要分布在空港交通走廊地带和外围辐射区，即距离机场5—30千米。这两个区域内主要产业是航空引致产业和航空关联产业，如旅游、会展、休闲娱乐、餐饮、酒店等现代服务业。这类产业往往具备较强的临空指向性，产业关联度较强，更新换代快，发展迅速，加之会展场馆的依托，会展业发展优势突出。

（二）会展城市与机场城市实力分布趋同

根据会展城市和机场城市的统计，我国会展一线城市都是特大型枢纽机场城市，会展二线城市也都基本上拥有国际或者区域性枢纽机场，在百强商展城市、会展场馆、展会数量等指标上反映出明显的机场实力支持特点。

1. 百强商展城市的机场运力最雄厚

众所周知，北、上、广是我国目前会展业发展最好的城市，场馆面积

大，展会活动广，知名展会也较多。2014 年世界百强商展中国展会入选
19 个，其中，上海 11 个，北京 4 个，广州 2 个。这些展会都是世界知名
展会，无论是参展商还是专业观众数量都很多，影响面也比较大，所以带
动的产业区域广。根据 2014 年数据，我国客运吞吐量在 5000 万以上的机
场有北京首都国际机场、上海浦东国际机场和广州白云国际机场。如果以
城市为单元进行计算，上海机场的旅客吞吐量突破 8900 万人次（浦东和
虹桥机场合计），北京机场的旅客吞吐量突破 8600 万人次，广州机场的旅
客吞吐量突破 5400 万人次，其排序也与百强商展城市排名相符（具体关
系还需要运用大量数据进行实证研究）。

2. 大型会展场馆趋向枢纽机场城市

对我国临空经济区的会展场馆统计分析表明会展场馆集聚具有明显的
临空化特点（统计数据详见附录一：表 1—我国临空经济区及依托的机场
统计、表 2—主要场馆距离机场距离的统计）。同时，大型的会展场馆主
要向枢纽机场城市集聚。

2014 年，我国展馆室内面积排名显示（见表 8—2），展馆展能主要集聚
在上海、广州、重庆、青岛、南京、成都、沈阳、北京和深圳。

表 8—2　　　　　　　　2014 年国内展馆室内面积排名　　　　单位：万平方米

排序	所在城市	展馆名称	室内展览面积
1	上海	国家会展中心	40.00
2	广州	中国进出口商品交易会展馆（广交会展馆）	33.80
3	重庆	重庆国际博览中心	23.00
4	上海	上海新国际博览中心	20.00
5	青岛	青岛国际博览中心	12.00
6	南京	南京国际博览中心	12.00
7	成都	世纪城新国际会展中心	11.00
8	沈阳	沈阳国际展览中心	10.56
9	北京	北京中国国际展览中心新馆	10.68
10	深圳	深圳会展中心	10.50

资料来源：根据《2014 年度中国展览数据统计报告》资料整理。

2014 年国内展馆室内面积排名情况显示，大型会展场馆向枢纽机场所在城市的集中度很高。枢纽机场是指国际、国内航线密集的机场。显然，上海、广州、重庆、青岛、南京、成都、沈阳、北京和深圳都拥有国际性或者国内的枢纽机场。

3. 展会活动集中度与机场密度分布一致

根据 2008 年《全国民用机场布局规划》，我国民用机场被划分成北方（华北、东北）、华东、中南、西南、西北五大区域机场群，并依据 2006 年的国内民用机场进行了数量及布局统计。为了进行比较，我们对 2013 年国内展会活动的集中度也依据该区域的划分进行研究。根据《中国会展行业发展报告（2014）》统计，2013 年国内的展会活动排名前十的省份主要集中在华东地区、北方地区、中南地区和西南地区（详见《附录二：2013 年展会活动数量在全国前十的省份》所示）。根据此报告统计数据，将华东地区、北方地区、中南地区和西南地区包含的展会活动前十省份及机场分布情况进行对比汇总，如表 8—3 所示。

表 8—3　　　　　　　我国展会活动集中度与机场密度的对比

区域	2013 年办展数量（场）	2013 年办展面积（万平方米）	办展数量占比（%）	办展面积占比（%）	平均办展面积（万平方米）	2006 年机场密度（个/10 万平方公里）
华东地区	2573	3469	36	37	5.47	4.67
北方地区	1218	1271	17	14	3.14	2.67
中南地区	954	1592	13	17	2.91	2.57
西南地区	581	500	8	5	0.86	1.53

资料来源：根据《中国会展行业发展报告（2014）》、《全国民用机场布局规划》整理。注：由于新规划的机场建设周期长，本书仍然以 2006 年统计数据为依据。

由表 8—3 可知，展会活动的集中度主要表现为办展数量、办展面积、办展数量占比、办展面积占比、平均办展面积。数据显示，办展数量和办展数量占比排序依次为华东地区、北方地区、中南地区和西南地区，虽然在 2013 年办展面积和办展面积占比两项指标上，中南地区高于北方地区，但是北方地区的平均办展面积要高于中南地区，说明北方地区的场馆利用率更高。所以，从整体上看，华东地区、北方地区、中南地区和西南地区的展会活动集中度依次降低，这与机场密度的分布规律完全一致。

（三）会展业、航空运输业与城市经济同向发展

枢纽机场是发展临空经济的先决条件，其所在城市的经济实力与航空运输能力有着直接和正向的关系。有研究指出：包含机场客运量和货运量在内的每个空港活动指标对经济增长都具有 0.074 的经济效应。客运量每增加 1，GDP 将增加 0.046；货运量每增加 1，GDP 将增加 0.028[①]。我们将会展业指标同时纳入这个系统进行研究，以北京首都国际机场、上海浦东国际机场、广州白云国际机场为例，发现会展场馆展能、机场运力和城市 GDP 之间同时具有正向关系（见图 8—4、图 8—5 和图 8—6）。

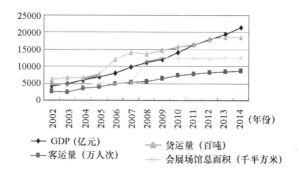

图 8—4 2002—2014 年北京会展场馆面积与机场运营、GDP 变化

资料来源：根据《中华人民共和国机场运营统计列表》，中国会展网、中国发展门户网、E展网整理。

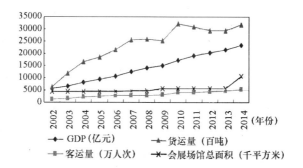

图 8—5 2002—2014 年上海会展场馆面积与机场运营、GDP 变化

资料来源：《中华人民共和国机场运营统计列表》，中国会展网、中国发展门户网、E展网。

---

① 王勇、刘毅：《都市航空港区域经济效应分析》，《经济问题》2011 年第 6 期。

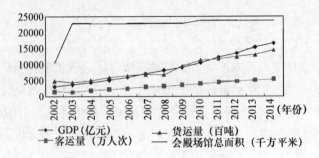

图 8—6　2002—2014 年广州会展场馆面积与机场运营、GDP 变化

资料来源：根据《中华人民共和国机场运营统计列表》，中国会展网、中国发展门户网、E展网资料整理。

根据以上统计可以看出，2002—2014 年北京、上海、广州机场的客运量、货运量、会展场馆总面积和 GDP 都在增长。尤其是北京会展场馆总面积在 2008 年飞速增加，场馆面积是 2007 年的两倍以上，同年机场客运量的增长也是最快的，增速为 16.87%，很明显是由于北京奥运会的带动作用。

第二节　北京经验

作为中国的首都，北京不管是在经济、政治还是文化发展等方面都有着其他地方不能相比拟的优势。同样的，北京发展会展经济也具有得天独厚的优势。特别是在近年，北京会展业发展迅猛，在会展市场主体培育和展会知名品牌的创造上，以及会展场馆、会展人才的培养上都呈现出了较快的发展趋势。会展业和航空运输业的合作日趋明显，也表现出了较好的协同发展效应。

一　展会拉动旅客吞吐量稳定增长

展会举办过程中对机场的吞吐量会产生重要的影响。会议错开旅游高峰期，能够带动旅客数量的增加，保持旅客吞吐量的持续和稳定增长。北京展会对于航空旅客吞吐量的贡献十分显著。2014 年 11 月 10—11 日，北京市怀柔雁栖湖举行 APEC 领导人峰会，会议期间首都国际机场的旅客吞吐量一直都保持着比较高的水平。11 月本处于旅游淡季，但是首都却有着较高的客流量显然是会议的举办引起的，与 2013 年同期相比，首都机场的旅客吞吐量达到了 9% 的增长幅度。同时，在会议期间，北京市还出台了一些会议期间的临时政策，如市民休假等，大批的北京市民选择外出旅游，也提高了首都机场的吞吐量。

根据统计数据，还可以清楚地看出，展会举办数量与机场客流量呈明显的正向关系（见图 8—7）。北京每年举办大量的国际展会，航空运输自然是参会人员的首选，机场客流量受到展会的带动很明显，从图 8—7 中可以看到两者的变动趋势具有高度的一致性，也从一个方面说明会展业同航空运输业的协同发展效应比较突出。

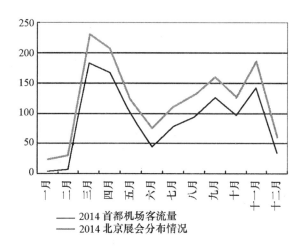

图 8—7　2014 年北京展会分布和机场客流量统计

数据来源：根据中国民航网、会展经济发展报告数据整理。

二　展会促使机场业务的专业化

北京会议在会展业迅速发展的大趋势下也得到了较快地发展。由表 8—4 可以看出北京会展业的国际化趋势。

国际展会为航空公司带来源源不断的客流。为了吸引和抓住展会的客流，航空公司在对展会人员进行分析后，出台了一些特殊服务方便主办方（见表 8—5）。主办方不需要亲自去购置机票，只需在展会举办前 15 个工作日向航空公司提交申请，接下来的事情都是由航空公司负责办理。

表 8—4   2009—2014 年北京市接待会议数量统计①

年份	2009	2010	2011	2012	2013	2014
接待会议个数（万个）	22.4	25.7	28.5	31.1	33.7	35.6
国际会议（个）	5174	6613	7998	8879	9985	1056

资料来源：根据《北京市统计年鉴（2010—2015）》资料整理。

表 8—5   北京首都国际机场会展服务内容

	接站台	提供会展的专业接站台
服务内容	接站服务（仅限19座以上大型客车）	①在 T3 到达层车道边指定区域提供固定车位 ②在近端停车场提供相应数量的车位 ③对服务车辆进行专人调度管理 ④允许接站车辆提前到达车道边指定区域等候
	广告宣传	广告灯箱、LED 大屏、宣传海报、易拉宝、形象展示位、宣传册
	贵宾服务	①不超过 2 小时的 VIP 包房服务（免费茶水、矿泉水、碳酸饮料、咖啡） ②国际、国内 VIP 专用停车场 ③协办值机手续 ④协办海关、边防、安检、卫检等相关手续 ⑤贵宾专用联检通道及候机楼内全程接送引导
	嘉宾服务（只提供 T3 国际接送机服务）	①提供 3 个小时公共休息室使用，超出 3 小时再收取 1 人次费用（自助免费饮料：茶水、碳酸饮料、矿泉水），其他有偿商品以现场收费为准 ②国际专用停车场（车辆不超过进出港人数） ④协办值机手续 ⑤候机楼内全程接送引导
申请流程（请在会展开始前至少 15 个工作日与我们取得联系）		填写会展服务申请表（相关下载），发送至邮箱 yangql@ bcia. com. cn，联系电话 010 – 64507200
		我们将在收到服务申请表后 2 个工作日内与您取得联系，对需求和费用进行确认

资料来源：根据北京首都国际机场官网（http：//www. bcia. com. cn/server/service/meeting-pos. shtml）资料整理。

从表 8—5 中可以看出，机场和航空公司在尽自己最大的努力为会展业的发展提供方便，在保障展会顺利进行的同时，也树立了企业自身的良好形象，为增加客源提供了极好的渠道。可见，会展业与航空运输业的合作具有双赢甚至多赢的效应，符合协同发展的理念。

---

① 注：表中国际会议指在我国境内举办的，与会者来自 3 个以上中国内地以外国家和地区（含中国港、澳、台地区）的会议、论坛、研讨会、报告会、交流会等。

三　机场对会展场馆的吸引力强大

会展场馆是会展业发展的重要因素和基础条件。从 2004 年起，北京市规划和建设了一系列大型会展场馆（见表 8—6），并且会展场馆邻近临空经济区（见图 8—8）。

从图 8—8 北京场馆与机场的距离中可以看出，北京场馆多数是以机场为中心分布在机场 20—30 千米，几乎都在 40 千米之内①，尤其是新建场馆更趋近机场进行选址。机场对会展场馆强大的吸引力不仅是会展业发展的需要，也是临空经济发展的有利条件。

表 8—6　　　　　　　　　北京市会展展馆情况

会展场馆名称	展览面积（平方米）		
	合计	室内展厅	室外面积
中国国际展览中心（旧馆）	69073	60073	8000
中国国际贸易中心展厅	10000	10000	0
全国农业展览馆	49301	24301	25000
北京展览馆	35000	22000	13000
北京国际会议中心	7400	4400	3000
国家会议中心	24000	24000	—
中国军事博物馆	9100	8100	1000
民族文化宫	3960	3660	300
中国国家博物馆	20000	20000	0
中华世纪坛	13785	7985	5800
海滨金泰	26380	16080	10300
建筑展览馆	6000	6000	0
中国科技会展中心	8200	8200	0
北京亦庄国际汽车展览中心	100000	—	—
中国国际展览中心（新馆一期）	—	100000	

数据来源：根据北京会展网、中国国家统计局数据整理。

---

①　事实上，临空经济区的地理范围界限并非一成不变。最初有学者提出居机场 15 千米以内，而随着临空经济的发展，特别是特大型枢纽机场的发展，其带动作用极其强大，一些地区表现出 30 千米甚至像北京这样可能更广泛的范围。

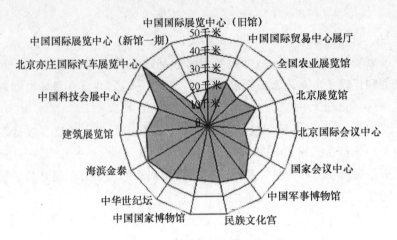

图 8—8 北京场馆与机场的距离

数据来源：根据北京会展网、中国国家统计局数据整理。

四 航班正点运营保障会展业发展

参展旅客对于旅行的时间性、便捷性、舒适性的要求更强，要求航空运输企业能够提供更安全、更准时、更有效、更专业的服务。我们收集和整理北京机场从 2011—2014 年共计 48 个月的航班正点率与北京 2011—2014 年每个月举办的展会进行统计，形成图 8—9 北京机场正点率与展会数量统计。

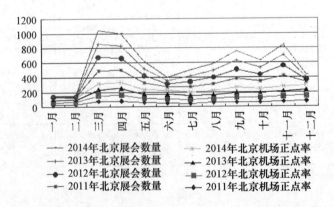

图 8—9 2011—2014 年北京机场正点率与展会数量统计

数据来源：根据中国民航网、国家统计局数据整理。

从图8—9可以看出，2011—2014年北京机场正点率与展会数量的分布趋同，结合图8—7对于北京展会分布和机场客流量的统计，可以初步看出三者之间的正相关关系，这也可以说明北京的航空运输业对于会展业发展具有很好的保障和促进作用。

第三节 上海经验

会展业能够为航空运输业带来大量的客流与货流，已经成为不争的事实。同时，会展业与航空运输业的融合也越来越受到重视，并被企业不断地实践。上海位于中国的东大门，其航空运输业的发展极具优势。随着上海成为我国乃至亚洲重要的展览城市，会展业发展的全面提升与航空运输业的协同发展密不可分。尤其是世博会的举办，对当时及后续上海会展业、民航运输业的发展都产生了重大的影响。

一 带动航空运输量明显增加

随着上海会展业的高效、快速发展，航空运输业在业务量方面同样受到积极的影响。世博会使上海市的基础设施建设水平整整提前10年，更为上海的会展业注入新的动力，同时，与其密切关联的航空运输业发展也受到了极大地带动。

（一）为航空运输业带来大量的客流

会展活动是人们在同一时间和空间状态下集中在一起而进行的集体性的物质文化交流活动。在短暂的时间内，大量的客商、货流集中于此，这就牵涉了人员与展品的空间移动问题。在所有交通方式中，航空运输无疑是最快捷与方便舒适，较为安全的，是商务人士出行的首选。因此，随着展会的举办，会有大量的人流出入，特别是较大型的展览会都涉及国外展商参展，极大地增加对航空运输的需求。2007—2014年上海参展人数总体上呈上升趋势；2007年上海参展人数达1020万人；2008年人数达1036万人；2010年达最高值至1469万人；2012—2014年较2010年有所降低，但仍平缓增长（见图8—10）。

同期，航空运输客运量的统计，总体呈上升波动。以2010年上海世博会为例，世博会期间，前来参观的国内外观众高达7188万人次，其中国内参展人数达6750万人次，海外参展人数达438万人次。这其中有

1700 万人选择航空运输方式前往上海，有一半是国际旅客。国航公司在上海的机场贵宾室客流量仅仅几天就创下了历史最高值。据统计，世博会期间，航空服务达到 2700 万往返人次。使得上海虹桥国际机场与浦东国际机场在 2010 年成为国内乃至亚太地区最繁忙的机场。为了应对繁忙的业务，上海浦东国际机场每天新增 20 多班航班，在上海虹桥机场每天新增航班达 46 班，并打造了 10 条航空快线与 20 条准快线往返于上海。参加展会多为商务人士，在交通方式选择上都是比较倾向于航空运输，尤其是国外展商及参展观众，在短暂的展会活动期间进行商务往来，快捷、有效、高速是他们对交通方式的要求，大多数都选择乘坐飞机，这些航空客流量的增加都得益于展会的举办。

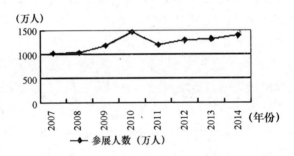

图 8—10　2007—2014 年上海会展参展人数统计

数据来源：根据中国会展经济研究会相关数据计算整理得出。

（二）带动航空货运需求量上升

　　会展活动的举行离不开展品的展示，这也需要运输大量的物品，从而增加了对航空运输货运服务的需求。如图 8—11 所展示，2007—2014 年上海航空运输量一直稳步上涨，尤其是 2009—2010 年涨幅剧增，从 298 万吨增加至 371 万吨，这次的迅速增加得益于 2010 年在上海举办的世博会。世博会在短期内为航空货运带来了大量的需求，改善了经济危机以来航空运输需求量的萧条局面。2010 年以后，上海每年举办的展会数量都在稳步增长，它所带来的货运需求总体呈上升趋势。

　　世博会之后，随着上海会展业的知名度、城市的品牌效应及国际化的发展，在上海举办的展会在数量规模上及国际性程度上大大提高。国外参展商在参加上海举行的展会时，实物展品运输在展会前期就应该达到目的地，远距离的运输对于体积小、价值大、含金量高的展品来说，航空货运是其最佳的方式，这也在很大程度上大大刺激了对航空运输业货运量的需求。如今上海每年平均有 500 场展会活动要举办，每场展会都不少于 100 家参展商，据统计至少会增加 20000 家参展公司考虑航空运输方式，而且这个数值以 20%的增速持续增长。

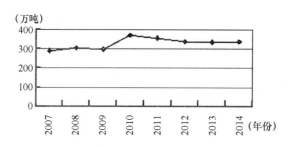

图 8—11 2007—2014 年上海航空货运吞吐量统计

数据来源：根据《上海统计年鉴（2014）》资料整理。

二 对航线开辟具有促进作用

航线网络，反映了一个地区对外开放程度。国际性展会的举办增加了对航空运输的需求，对航线的开辟具有一定的促进作用。

（一）国内航线网络

上海展会参展人数在稳步增长，国内多数商务人士出行也会考虑航空运输，这就增加了对国内航线的需求。每年在上海两大机场定期开通的国内航线覆盖了 40 多个城市，航线高达 330 多条，旅客有很大部分是以参加展览和会议为目的。

在 2010 年上海世博会期间，上海两大机场为了应对国内大量的参展观众，特别增设了多条航线，运输频次及航线范围大大提高，也提高了飞机的坐客率。虹桥国际机场进出港世博旅客航班达 19 个，承载世博旅客 422 人次；浦东国际机场进出港世博旅客航班达 18 个，承载旅客 145 人次。两大机场拥有的 37 个世博航班全部保持正常，航班正点率达到 98%。此外，南航投入 23 架飞机，国际、国内及地区航线 40 多条，通航城市 50 多个，增加北京、长沙、合肥、郑州等地方至上海浦东 9 条航线 768 班。山航开通威海到上海虹桥，上海虹桥到烟台的航线，每天两班。沈阳到上海每天有 15 架飞机飞往，8 个航班往返，每天有 4 个时段的航班波。石家庄到沪航班增加密度，每天达 6—8 个班次，每周达到 42 班或 56 班，平均每一个半小时就有一航班飞往上海，每班可以增加 80 个座位。大连机场为满足世博会旅客需求，大力加密航班，每天往返连沪之间的航班达到 36—42 架次，平均坐客率达 90% 以上。南昌昌北国际机场为方便旅客观看世博，每日 8 个航班直飞上海，其中 3 个航班抵达上海浦东国际机场，5 个航班抵达上海虹桥国际机场。为满足台湾民众参加世博会，还增加了临时性航班。

（二）国际航线网络

上海为应对上海世博会旅客高密度航空运输需求，国内各航空公司纷纷新增加多条洲际航线与上海始发国际航班，通往莫斯科、伦敦、布鲁塞尔、班加罗尔等城市的上海始发航线也增多；国外航空公司纷纷开通上海往返当地重要城市的航班，以满足因 2010 年上海世博会而增加的商务及旅游需要。这些航线的开辟与增加都得益于上海世博会的举办，很大程度上表明上海会展业的发展对航空运输航线的开辟具有极大的促进作用。

世博会之后，上海展览会的国际化与专业化水平进一步提升。截至 2015 年初，国外来沪的参展商人数比重达到了 30% 以上。在上海举办国际性的展会次数 2010 年是 232 次，2011 年是 227 次，2012 年是 265 次，2013 年是 247 次，国际会展展出面积 2010 年是 577.50 万平方米，2011 年是 689.32 万平方米，2012 年达 826.90 万平方米，2013 年更进一步达 847.50 万平方米，数量越来越多，规模越来越大，吸引大量的国外旅客，飞机起降国际地区的次数由 2010 年 15.33 万次上升到 2013 年 16.35 万次。

国外的运输范围越来越广，航线数量也在不断增加，上海庞大的航线网络覆盖了美洲、大洋洲、欧洲和亚洲等国家和地区，连接的地域更为广阔。在展会期间，国外大量的展品航空运输量及参展或展期旅游的观众大量汇集，加深了上海与世界各地间的交往，也产生了国际航线及国际航空运输范围的扩大。近年来新开越南航、文莱航、欧陆、美国卡利塔、美利坚航、美国达美、德国柏林、印度捷特、瑞航、新加坡捷达、海湾、美国大陆、美国长青、俄罗斯洲际、比利时 TNT、马来西亚金鹏等航线，其中有一部分原因就是由上海的会展业促进了其国际航线的开发。

三　对航空运输企业的整合效应

会展业对资源具有高度的整合作用，这一点也表现在对航空运输企业的机构整合和服务优化方面。

（一）航空公司机构的设置

随着会展旅游的蓬勃发展，会展商务旅客在航空公司旅客群中的比重日益增大。展会商务旅客群体具有组团规模大、逗留时间长、顾客消费能力强、利润丰厚、含金量高的特点，对各大航空公司来说具有重要的经济价值，已经成为各航空公司竞争的重要客户群体。因此，目前很多航空公司把会展和奖励旅游结合起来，对航空公司个别部门职能的转变或业务的增加在一定程度上都具有整合作用，促使航空公司设立新的部门机构来应对会展业所带来的巨大收益。

（二）提升航空运输业的服务水平

会展业的发展将推动和促进城市的基础设施及服务水平的建设。人们在参展的过程中，接受的服务也包括参展的交通服务，它的服务水平也会间接影响展会的好评度，所以在展会过程中也进一步增加了对航空运输业服务水平的要求。为完成奥运会保障任务和世博会保障工作，上海民航积极提升软件服务质量，根据全球机场协会 ACI 的旅客满意度测评结果，上海浦东国际机场排名从 2007 年的第 67 位上升至 2010 年的第 5 位，并获得全球机场组第 3 名，评为"全球服务十佳机场"之一；虹桥机场被 Sky Trax 评为进步最快，荣获"2010 年度亚太地区进步奖"。东航公司充分利用世博会，推出《东航世博服务保障计划》实施方案，航班正常率达 83.64%，2008 年至 2010 年行业评比实现了航班正点率三连冠，并逐步改进在飞机上餐饮等级、贵宾室待遇、娱乐设备和座位等软、硬件等设施，来提升服务品牌形象。展会直接对航空运输提出了较高的条件，为了满足展会的需求，航空运输业的服务水平不得不进行调整与改善。

四　对非航业务的拉动效应

近年来，上海两大机场的非航业务收入处于持续增长的状态，这些都离不开会展业的带动。上海大部分场馆的位置都靠近机场，交通便利，可以乘坐地铁、公交等路线直达展会现场。依附于机场的宾馆内部设施等级完善，能够满足商务人士出行住宿的要求，这对于参加展会的旅客来说，机场内及周边的酒店也是不错的选择。展会前、展会期间、展会结束时，大量的客流量会增加对各类商品的需求，住宿、餐饮、购物、旅游等刺激了对非航业务的消费能力。广告业务方面，大型展会在举办前宣传期往往会选择人流量较大的地方投放广告，这就在很大程度上增加了机场在广告业务的收入。上海机场非航业务收入在全国总收入中的占比最高，2012年占全国比例为49%。会展业对上海机场商业零售业务发展有着一定的拉动作用。

五 航空运输为会展业提供强力支撑

交通运输是会展业发展的主要因素及强大后盾，航空运输以其高效快捷的优势在会展业发展过程中扮演着越来越重要的角色。

（一）为商务人士提供参会便利

根据商务人士的特点，他们对交通方式的要求是极高的。商务人士的时间行程一般比较紧张，在参加展会时，多数会考虑路途的远近及用时的多少，用时过长的交通运输方式，容易使人过度疲劳，不利于商务谈判。因此，商务人士希望在短暂的旅途中收获最大的效益，在商务出行及参展活动的交通方式选择上都会倾向于航空运输。由表8—7可以看出，飞机是目前最快速的运输方式。飞机的快速高效、舒适安全的特点决定了航空运输是国外展商来沪的首要需求及选择，航空运输在上海国际性的展会上扮演着重要的保障角色。

表8—7　　　　　　　　主要交通方式的速度　　　　　单位：千米/小时

交通方式	飞机	高铁	火车	汽车	轮船
速度	600—800	200—400	100—140	120—140	60—65

（二）保障展品快速安全抵达

展品运输是展会有效进行的重要环节。航空运输的一个很直观突出的优势是能够保证物品安全到达目的地、途中物品破坏折损率低。由于航空货物运输的价格昂贵，操作流程比其他的运输方式要严密；用时少，减少了展品在运输过程中发生延误或损坏的可能性，航空运输保障了展品安全、可靠地运达。如上海国际珠宝首饰展览会有来自22个国家和地区的参展商，其展品如宝石、钻石、珍贵钟表、珠宝首饰等都会选择航空运输。又如上海渔博会，参展商来自亚洲、美洲多个国家，展品包括了各类水产品，远距离与特殊展品对交通运输方式的选择极为苛刻，只有航空运输才能够实现展品保质保值地出现在展会现场，使得展会有效展开。

（三）会展场馆邻近两大机场布局

有了航空运输业在交通上的支持，上海会展业稳步发展，展览会总展出规模继续扩大。航空运输以高效快捷的特点将国内外参展人员传送到展会现场，间接上也扩大了展会的规模与展出面积，对会展场馆的可达性要求进一步提高。大型的会展中心往往以城市边缘为宜，规划和建设要求遵循合理化、专业化、科技化、生态化及文化特色的原则，而机场的建设恰恰是将这些因素融入在内的，能够为会展业的发展提供较大的空间，也会促使航空运输的发展，产生 $1+1>2$ 的效果。

在场馆规划建设时，交通因素是要考虑的主要因素。上海会展场馆的选址都距离两大机场较近，对机场的依赖性较强。上海新国际博览中心坐落于上海浦东开发区，东距离浦东国际机场 35 千米，西距离上海虹桥国际机场 32 千米，都不到一个小时的车程。上海展览中心距虹桥机场只需 20 分钟车程；上海光大会展中心距离虹桥机场 15 千米。再如上海世博会展产业集聚区沿黄浦江两岸；上海农展馆分布在虹桥开发区，上海展览中心分布于静安区的会展产业带上，这些区域都是邻近两大机场布局的。场馆的选址要求交通便利，靠近城市主干道、机场，并且有较大面积的集散地，场馆的周围也要有完善的配套服务设施，上海两大机场的建设都能够很好地满足这些要求。

第四节　广州经验

广州与北京、上海同为我国会展发达的一线城市，并且广州的会展业更具有自身特色和优势。同时，广州会展业和航空运输业都得到了极大的发展，已经成为其产业结构中必不可缺的重要组成部分。

一　广州会展业促进航空运输业的发展

会展业的发展对其他相关产业都有着很大的影响，特别是会展业所带来的人流量、货流量，为其相关产业提供了发展机遇。广州作为我国会展一线城市，会展业在经济建设、社会文化、城市形象的发展方面都起着举足轻重的作用。广交会是我国目前规模最大、历史最悠久、商品种类最丰富、档次最高、参展商最多而且分布国别最广的国际性贸易盛会，除了广交会之外，广州还创造了一系列其他有影响力的专业展会，如广博会、国际家具展、国际照明展览会等。一系列的知名展会、大型的会展场馆和会展人才的聚集，造就了广州会展业的腾飞，同时也为航空运输业的发展带来了巨大的机遇。

（一）为航空运输业提供大量旅客和货物

广交会作为一个综合性的世界性展会，给广州会展业的发展带来了极其有利的发展机遇，对广州会展大都市的建立，起到了非常重要的作用。每届广交会举办前夕，广州白云机场将会迎来"准春运"，客流量明显超过平时（见表8—8和表8—9）。可想而知，一个大型的国际展会，将会为展会举办城市的航空运输业带来极大的发展机遇，大量的人流量和货流量为当地的航空运输业带来丰厚的利润，从而促进当地航空运输业的极大发展。

表8—8　　　　　　　2009—2015 广交会历届采购商到会统计

年份	2015	2014	2013	2012	2011	2010	2009
春季采商人数（人）	184801	188119	202776	21000	207103	203996	165436
秋季采购商人数（人）		186104	189646	188145	209175	200612	188170
来自的国家和地区（春季）（个）	216	214	211	213	209	212	209
来自的国家和地区（秋季）（个）		211	212	211	210	208	212

资料来源：中国出口商品交易会网站。

表8—9　　　　　　　近六年广交会成交额统计　　　　　　　单位：百万美元

成交额	2015 年	2014 年	2013 年	2012 年	2011 年	2010 年
春季	28056	31051	35540	36030	36860	34300
秋季		29160	31690	32680	74760	
全年		60211	67230	68710	74760	

资料来源：中国出口商品交易会网站。

根据表8—8和表8—9可以看出，广交会的举办，每年都会带来大量的人流，2011年广交会举办期间，白云国际机场的单日平均客流超过了13万人次，跟以往相比增加了将近1/5；2015年春季广交会期间，有24713家境内外企业参加展会，到会的境外采购商达到了184801人。展会举办期间，无论是境外参展商还是境内参展商，都会面临参展商品的运输问题。举办展会，参展商品的数量和参展商的数量是成正比的，从上述表格可以看出，广交会前后需要运输的参展商品的数量也是巨大的。2011年广交会期间，白云机场出港的行李就达到了87.3万件；2015年春季广交会期间，交易额达到了280.56亿美元，境外采购商超过18万人，不仅参展商需要将参展商品运输到展会地点，采购商购买的商品也需要运输回去，为广州的航空运输业提供了巨大的物流量支撑。

广州作为我国三大会展城市之一，每年举办的展会超过1000场，这么多的展会对广州航空运输业发展起到了极大的带动作用。

（二）促进航空运输业服务提升

广州会展业为航空运输业带来大量的人流与货流的同时，也对航空运输业的服务水平提出新的要求，促进了航空运输服务与会展服务的融合。

会展业和航空运输业都属于现代服务业，服务水平的高低直接影响行业的发展前景和发展寿命。参展商和参展观众往往是具有一定经济基础的"成功人士"，他们对航空运输的服务提出了新的要求，对于民航服务的细节要求更高。以参展为目的的旅客群体，希望在旅行中获得更多的展会相关信息和服务。很多航空公司认识到了这些商务旅客对自身发展的重要性，他们将奖励旅行和会展活动的客户单独作为一项业务来操作，有的航空公司还专门设立一个为会展客户服务的部门，该部门能够将旅客的意见和建议直接反馈到航空公司或者合作的会展公司，从而做出合理的改进来满足旅客们的需求。因此，会展业的发展也促进了航空运输业的资源整合，对航空运输业开发新的业务领域有一定的促进作用。

二　航空运输业对广州会展业发展的影响

广州作为我国对外开放的前沿阵地，凭借着珠三角极具活力的世界级城市群，航空运输业得到了长足的发展。2011年9月广州空港经济区管理委员会成立；2013年《广州空港经济区总体规划》出台，标志着广州航空运输业和临空经济已经进入了腾飞的快车道。航空运输业发展的同时，也对会展业发展产生重要的影响。

（一）为广州会展业发展提供必要条件

会展业发展所带来的大量人流量和物流量，需要有便捷的交通和运输量的保障。广州航空运输业的发展是广州会展业发展所不可缺少的交通保障。广州白云机场拥有极其庞大的吞吐量、先进的设施和分布极广的航线，已与33家航空公司建立了业务往来，开通航线110多条，通达国内外100多个城市，2014年旅客吞吐量超过5400万人次，居全国第二位。这些保障了展会举办所需要运输的货物和人员都可以通过航空运输快速准确的到达目的地，使更多的潜在客户成为现实客户，对于推动广州会展业的发展有着极大的作用。

区位经济是会展业发展的基础。广州航空运输业的发展，带动了空港经济的进一步发展，空港经济更会带来大量的人才、资金、技术等生产要素的聚集，从而直接带动当地经济和社会的发展，为会展业的发展提供必不可少的区位经济保障。

（二）为广州会展旅游产业发展提供保障

会展不仅包含会议和展览，还包括节事活动、会展旅游等活动。所谓会展旅游，是指通过举办各种类型的大型展览会、交易会、招商会等相关的团体性行为而使参加者进行一系列消费性活动的综合旅游服务形式，主要包含各种会议、体育活动和奖励旅游等。会展旅游是一个含金量极高、组团规模大、利润丰厚的市场，是会展业与旅游业的融合。会展旅游的发展离不开方便的交通和优秀的区位条件，广州处于我国珠三角最发达的沿海地带，有着优越的区位条件，交通非常便利，通达性极高。航空运输业的发展对会展旅游发展有着极大的促进作用，同时会展旅游活动的展开又能极大的带动航空运输业的发展。

三 广州会展业和航空运输业的互促关系

广州会展业和航空运输业之间已经形成一种良性的互促关系。广州会展业以"龙头引进型"为主导，从吸引国际型会展公司和大型展会入手，积极发展国际性展会，为航空运输业提供了巨大的人流量和货流量，促进航空运输业服务水平的优化，促使航空运输业业务的开发与整合，为航空运输业发展提供支持。同时，广州航空运输业为会展业的发展提供了交通运输保障，促进了会展旅游的发展。广州会展业和航空运输业之间形成的相互促进、协调发展、共存共赢的关系为会展经济与航空经济协同发展积累了经验。

第五节　珠三角城市群经验

珠三角城市群以广州、深圳、香港为核心，包括珠海、东莞、中山、惠州、肇庆、佛山、江门、澳门等城市，珠三角城市群是我国三大城市群（另外两个是长三角城市群、京津唐环渤海湾城市群）中经济最有活力、城市化率最高的地区，也是全球发展最迅速的生产中心和服务中心之一。2015年1月26日，世界银行公布："中国珠江三角洲已在2010年超越日本东京，成为世界人口和面积最大的城市带。"

珠三角地区集中了广州、深圳、珠海、香港、澳门五大机场，并且以广州为中心，依托香港、澳门，形成了包括深圳、东莞、顺德、珠海和中山等城市的珠三角会展城市群。在区域一体化的战略指导下，珠三角城市群协同发展的格局基本形成，以城市为单位的竞争合作成为会展经济与航空经济协同发展的新模式。

一　机场群协同发展

随着粤、港、澳经济的进一步融合，广州、深圳、珠海、香港、澳门五大机场在构建珠三角机场群战略指导下，确立了竞合互补的发展模式，各自发挥自身优势，明确功能定位和产业分工（见表8—10），在综合交通体系的保障下实现协调发展，从而促进了珠三角城市群一体化、协同化发展。

表8—10　　　　　　　　珠三角五大机场的对比

机场名称	香港机场	广州机场	深圳机场	澳门机场	珠海机场
通航时间	1998年7月	2004年8月	1991年10月	1995年11月	1995年6月
2014年旅客吞吐量（万人次）	6290	5478	3627	548	408
2014年货邮吞吐量（万吨）	438	145	96	2.8	2.2
2014年航班起降架次（万次）	39.1	41.2	28.6	5.2	5.1

机场名称	香港机场	广州机场	深圳机场	澳门机场	珠海机场
通航时间	1998 年 7 月	2004 年 8 月	1991 年 10 月	1995 年 11 月	1995 年 6 月
功能定位	世界级国际航空枢纽港	复合型航空枢纽	国际航空次枢纽港	多功能中小型国际机场	华南地区航空产业基地
主导产业	临空商务、航空培训、酒店餐饮、娱乐休闲、会展	航空物流、航空维修、航空制造、航空总部、商务会展、知识创新、电子信息和健康休闲	航空物流、商务会展、大型商贸、航空航天设备制造、研发和航空总部	旅游业、航空物流、商务会展、大型商业贸易、航空航天设备制造、研发和航空总部	航空展览、飞机制造和通用航空产业

资料来源：根据《"珠三角"竞合互补的机场群发展模式》，载自连玉明主编：《中国临空经济发展报告（2014）》，社会科学文献出版社 2014 年版，及网络资料整理。

珠三角地区机场密度非常高，各机场之间的直线距离小于 150 千米。目前，珠三角地区已经形成了包括航路、铁路、公路、水路等多形态、立体化的综合交通运输体系，机场群的合作机制逐步建立，为机场群的协同发展提供了必要的支撑。从表 8—10 可以看出，珠三角区域内各大机场功能互补，形成了竞合互补的功能定位。同时还可以看出，各机场在产业分工中都将会展业明确为主导产业，会展经济与航空经济的协同发展可见一斑。

二　会展城市群协同发展

珠三角会展城市群是我国三大会展城市群之一，区域会展业实力强大。广州、香港、深圳在全球会展城市实力评估中被认可达到国际水平，可称为国际会展城市。根据《世界会展城市实力报告》评出的 51 个全球会展城市，中国有北京、上海、广州、香港、南京、沈阳和深圳 7 个席位。根据 AUMA 2011 年数据统计显示，最具竞争力的全球展馆主要分布在全球 46 个城市，亚洲有 8 个展馆，中国占 6 个，分别是广州、上海、南京、北京、沈阳和深圳，其中广州的中国广交会琶洲馆名列全球第 6 位，深圳会展中心名列第 38 位。根据 2014 年进出口经理人年会发布的《2014 年世界商展 100 大排行榜》显示，中国上海、北京、广州、香港和厦门的共计 19 个展会进入榜单，其中在广州举办的中国国际塑料橡胶工业展览会，中国（广州）国际汽车展览会，广州国际木工机械、家具配料展览会分列第 29 位、第 40 位、第 88 位，香港珠宝首饰展览会位列第 80 位。香港贸发局统计公布，2014 年，有 3 项全球最大及 10 项亚洲最大的展览会在香港举行，会议、展览及奖励旅游在港过夜旅客超过 181 万人次，以从事商务活动和参加展会为目的的过夜旅客占比达到 13.8%。

这些都表明，珠三角会展城市群的实力十分强大，并且香港、广州、深圳的会展业实力与其机场功能定位和运力发展方向具有明显的正向关系。

三　以城市为单位的竞合互补

珠三角机场群及会展城市群的协同发展从不同的角度表明，航空运输对会展业的支撑作用显著，会展业又促进了航空运输的发展，珠三角地区的会展经济与航空经济已经形成良好的协同发展格局。总结其发展历程，可以发现以城市为单位的竞合互补，集群经济是其整体特征，会展经济与航空经济的协同发展既得益于此背景，也促进了这一特征更加明显。

（一）一体化的发展战略

2009 年 2 月，国务院正式批复了《珠三角地区改革发展规划纲要（2008—2020 年）》，标志着珠三角区域一体化发展正式上升为国家战略。在此大背景下，城市群一体化、协同化的发展格局必然要求从产业布局、公共服务、生态环境等诸多层面予以设计和分工。香港、广州、深圳、澳门、珠海同为机场城市兼会展城市，会展业亦成为其临空产业的主导产业，航空运输将会展经济与航空经济紧密结合在一起，航空经济由航空运输发展而衍生，航空运输促进会展经济发展，会展经济依托航空经济而繁荣，形成了会展经济与航空经济的良性互动、健康发展。

（二）明确的主导产业分工

《珠三角地区改革发展规划纲要（2008—2020 年）》提出，珠三角地区以打造世界先进制造业和现代服务业基地为目标，优先发展现代服务业，重点发展金融业、会展业、物流业、信息服务业、科技服务业、商务服务业、外包服务业、文化创意产业、总部经济和旅游业，全面提升服务业发展水平。从表 8—10 可以看出，珠三角地区按照分工协作、错位发展的理念进行各机场的功能定位及产业分工，形成功能和结构上的互补性，推进实现功能互补、资源共享、错位发展、竞争合作的协同发展格局。

（三）综合的交通体系保障

珠三角地区机场密度高，且拥有完善的干线铁路网络和城际轨道交通网络，并大力推进城市轨道交通建设和公路运输网络的建设，用高速便捷的地面交通将五大机场串联起来，形成了多形态、立体化的综合交通运输体系。同时，会展业场馆总面积也是全国排名第一，各城市依据功能定位发展综合会展、商务会展和航空会展，凸显珠三角各城市的互补、灵活优势，实现"5个1相加大于5"的协同共赢成效。

（四）完善的政策体系及机制

珠三角城市群已经是我国最具实力和发展潜力的国际性大城市群之一。《珠三角地区改革发展规划纲要（2008—2020年）》从国家战略的层面，规划将珠三角城市群建设成世界级城市群，成为中国参与全球竞争和国际分工的地域单元，为珠三角城市群一体化提供了政策指导和保障。同时，以共同的价值目标为导向，五大机场构建了一种资源共享、经验分享的协作平台，形成了多种形式的协调运行机制，支撑珠三角城市群的协同发展。

本章小结

统计数据表明，百强商展城市的机场运力最雄厚。同时，这些地区也是我国临空经济发展最早和相对成熟的地区。会展城市实力与机场实力趋同，以及会展业、航空运输业与城市经济同向发展，都可以表明会展经济与航空经济的关联性和正相关性，也在一定程度上说明了会展经济与航空经济的协同发展。

与国际经验和典型经验相比较，我国会展经济与航空经济协同发展也具有自身的特色。从北京、上海、广州等城市会展业与航空运输业的发展可以看出，其资源优势、相关产业优势、区位优势、交通优势是促进两者良性发展、实现共赢的必要因素。同时，珠三角城市群的一体化发展战略，对功能布局、基础设施、产业规划、环境生态保护等方面进行整体性综合考虑，以机场群建设为依托，重点发展会展业等现代服务业，按照分工协作、错位发展的理念进行城市的功能定位及产业分工，会展城市群与机场群同步发展，形成以城市为单位的竞争合作，借助功能和结构上的互补，实现城市群的协同发展，会展集群经济与临空经济协同发展形成了会展经济与航空经济协同发展的新模式。

第九章　郑州临空会展业发展的探讨

本章以会展经济与航空经济协同发展对于郑州城市形象的提升为切入点，表明郑州发展临空会展业的重要意义。郑州航空港经济综合实验区建设将郑州固有的区位、交通、产业优势急剧放大，在"打造大枢纽、发展大物流、培育大产业，建设国家中心城市"的发展目标下，为郑州会展业创造了历史性的发展机遇。会展业作为现代服务业的重要组成部分，在实现经济目标、社会目标、生态目标建设方面发挥着积极的功能。本章从大枢纽、大物流、大产业、大就业、大都市五个方面分析了郑州会展业发展面临的机遇，并提出郑州发展临空会展产业的战略建议及发展任务。

第一节　郑州的城市形象

郑州地处中原腹地，黄河之畔，是一座历史悠久的城市。郑州是我国铁路的心脏，素有"十省通衢"之称。作为"一带一路"上的节点城市，"绿城"、中原、黄河、武术、商都是人们对郑州的共同认知。目前，郑州"铁、公、航、信"兼具，形成了贯通东西、连接南北的综合性交通、通信大枢纽。郑州作为"中部会展之都"，同时是我国唯一一个航空港经济综合实验区，受到了高度的瞩目，其国际形象将直接影响各方面的发展。

一　国际形象概述

国际形象是区域形象的国际影响力，具有外向性特征，是区域形象的物质本源，同时又是区域实力的反映。区域形象是区域的政治、经济、文化以及自然环境等方面的实际发展状态在公众和组织心目中的基本印象和总体评价。涂成林认为城市区域形象主要表现为环境形象、行为形象、发展形象，具有综合性、相关性、差异性、稳定性和可塑性① （见表9—1）。

表9—1　　　　　　　　　　区域城市形象的表述

构 成	内 涵	表 现
环境形象	是城市形象的客观条件和基础	主要包括建筑物景观、道路交通景观、地标性建筑、自然景观等
行为形象	是城市的"行为"即城市内部的组织管理和活动，主要包括市民行为形象和政府行为形象	市民形象主要表现在城市居民的道德观念、价值标准、素质修养，政府的行为形象主要包括政府管理、政策实施、办事效率、公共服务等
发展形象	是一个城市的总体发展状况	主要包括基础设施、城市文化、经济发展水平、发展速度、创新能力、居民生活便利程度等

资料来源：根据涂成林：《会展：现代城市发展的杠杆》，中央编译出版社2008年版整理。

从表9—1可以看出，环境形象主要是来自视觉的形象，是城市形象最直接的表现形式；行为形象是由提供具体行为的主体以及行为后果共同反映出来的；而发展形象则是对软环境和政治、经济、文化水平的综合反映。

二　会展业与郑州城市形象

依据形象理论，国际形象是公众对这个区域的基本认识和评价，可以由该区域或者该城市的知名度和美誉度来综合反映，是对区域从内部特质到外部发展情况的一个总体认知。

（一）提高城市知名度

自从提出中部会展之都的目标，郑州会展发展环境不断改善和提升，2005年郑州荣获"中国会展名城城市推介最佳活力奖"；"2006年度中国（服务设施）最佳会展城市"、"2008年度中国最佳会展中心"；2012年，郑州与北京、上海、广州、成都、杭州、深圳一同入围"中国最受欢迎的会展城市"，依托发达的交通体系、信息体系，八大产业基础，郑州会展品牌得以建设和完善，提升了城市整体形象。

郑州每年都会举办自有展会品牌郑交会、新郑祭祖大典、少林武术节等展会节事，是河南所特有的自有展会品牌，刻画了郑州的城市形象并对

---

① 涂成林：《会展：现代城市发展的杠杆》，中央翻译出版社2008年版。

城市和展位进行定位，对于对外开放的窗口，新郑国际机场，成了国内外的桥梁，城市品牌的建立，提升了城市的知名度。

2014年，在航空港区举办的首届"欧洲制造之窗"展销会，成功吸引了来自欧洲的70余家参展商，同时邀请国内上下游企业前来洽谈，成交额近500万美元。此展会规模虽然比较小，但是效益巨大。郑州成为欧洲人才、资金与技术进入中国市场的桥梁，郑州航空港区也得以被大众认知，航空港区范围内的苑陵故城、老寨遗址和大寨遗址三处文物保护单位，也都成为展商关注的焦点，港区正在规划的19座公园、在建的郑州航空港地标性建筑绿地会展城和中部国际设计中心等，也逐渐吸引众人眼球。展会的成功举办，使外商对展会举办地有一个良好的首因印象，尤其是举办地的地标性建筑，会提升港区景观的辨识度和世人对它的认知度。

（二）提升城市美誉度

会展业发展，除了带来巨大的宣传效应，产生实际的经济效应，还会产生很强的社会效益，体现在城市的发展形象上，在城市的经济发展水平、城市文化、基础设施、创新能力等方面都有所影响。由此城市的总体环境会相应得到较大的改善，城市的综合管理水平也会得到提升。2009—2010年中国会展城市展会数量排名及展会面积排名中，郑州位于中西部会展城市首位；2010—2012年，郑州会展业带动旅游、餐饮、住宿、娱乐、交通等相关产业发展显著，三年间共带动社会经济效益近400亿元；据中国会展经济研究会统计，2014年郑州市共举办展览174场，办展面积达到160.55万平方米，会展业实现经济社会效益190亿元，相关主要指标保持全国会展城市前列；会展业还带动了城市基础设施的建设，成为推动郑州经济、社会发展的新引擎。

会展业的发展，需要大量的服务从业人员，对于人员素质要求则越来越高，对于河南而言，总人口1.06亿人，城镇化率为42.43%，普通高校在校生达156万人，城镇化水平的提升与在校生人数的增加，对于展现整个城市中市民的文化素养等做了很好的铺垫。随着国际会议、展览的举办，越来越多的外商走进郑州，会展业对于城市居民素质的提高，增强市民与国际的交流，提升整体形象产生了良好的促进作用；与此同时，随着经济的发展，政府加大优惠政策，招商引资，创造了很好的投资环境，同时促进了城市服务水平的提升，这些都极大地提升了郑州的城市美誉度。

三　郑州城市形象概况

对郑州的城市形象进行分析，既能够反映出郑州的文化传承和历史积淀，也能够表现出郑州紧跟时代步伐的国际化形象发展趋势。其中，有两个标志性事件对于郑州形象的影响巨大，2000 年郑东新区的开发，2013年郑州航空港经济综合实验区的建立为郑州城市形象的发展和提升带来了巨大的契机，也提出了更高的要求。

（一）城市规模不断扩大

随着城市的发展和经济的繁荣，郑州在城市设施和环境建设的投入也日益加大，城市规模和城市规划日趋合理，城市景观和自然环境逐步优化。

随着进入 21 世纪，中原经济区建设规划，要求加快形成"一核四轴两带"放射状、网络化发展格局（见表 9—2）。中原经济区建设不仅确立了城市功能，更重要的是扩大了城市的区域影响力和形象张力。

表 9—2　　　　　　　　　　中原经济区空间规划布局

打造核心发展区域	形成高效率、高品质的组合型城市地区和中原经济区发展的核心区域，引领辐射带动整个区域发展。			
构建"米"字形发展轴	沿陇海发展轴	沿京广发展轴	沿济（南）郑（州）渝（重庆）发展轴	沿太（原）郑（州）合（肥）发展轴
壮大南北两翼经济带	沿邯长—邯济经济带		沿淮经济带	

资料来源：根据《中原经济区规划（2012—2020 年）》整理。

郑东新区开发建设更是极大地推动了郑州城市规模的扩大，城市内的地标性建筑亦成为城市区域的亮点，随之涌现出了郑州国际会展中心、河南艺术中心，已成为郑东新区 CBD 的标志性建筑，也成为了郑州的代名词。2014 年 4 月份，《郑东新区背部区域概念性规划（2014—2030 年）》又提出再次扩大郑州的发展规划。

2013 年，郑州航空港获得批复，"三区两廊"的建设规划中，"三区"面积总共达到 415 平方千米，其用地规模在国内港区建设中位于前列。"三区两廊"的规划，展现的是港区综合实验区的规模与空间布局，代表的则是郑州生态化、环境友好的城市形象（见表 9—3）。

表9—3 "三区两廊"的空间规划

"三区"	航空港区	北部城市综合服务区	南部高端制造业集聚区
"三区"规划面积	160 平方公里	100 平方公里	155 平方公里
"两廊"	沿南水北调干渠生态防护走廊		沿新 107 国道生态走廊

资料来源：根据郑州航空港经济综合实验区资料整理。

（二）交通基础设施完善

郑州城市形象的发展最明显的体现在基础设施，特别是交通设施的完善。郑州具有很强的交通优势，基础设施完善，形成了综合的交通运输体系。除了以郑州为中心的"米"字形铁路网，"五纵六横"干线公路网和"三纵两横"高速公路网，作为国内八大区域性枢纽机场之一的郑州新郑国际机场，机场设备口岸在不断扩展，客货新航线增开，基本形成完整的航线网络，使得郑州形成了"铁、公、机"的综合优势，也提升了郑州的国际化形象。

（三）航空港经济快速增长

近年来，郑州经济发展上升趋势显著，特别是航空港区的经济发展速度惊人，2014 年全港区各项经济指标持续快速增长，各主要经济指标增长幅度均高于全省、全市增幅。与此同时，郑州机场客货吞吐量增速在全国前 20 个大型机场中排名均居第一位，呈现出国际货邮运输量超过国内货邮运输量、全货机承运量超腹舱承运量、进出港货邮运输量趋于平衡的良好态势（见表9—4）。

表9—4 2014 年郑州航空港主要经济指标统计

指标名称	数额	增长幅度（%）
固定资产投资（亿元）	401.00	91.8
生产总值（亿元）	413.00	18.0
规模以上工业增加值（亿元）	343.00	21.0
规模以上工业主营业务收入（亿元）	2090.00	17.7
公共预算财政收入（亿元）	21.20	40.4
外贸进出口总额（亿元）	379.20	58.3
旅客吞吐量（万人次）	1580.54	20.3
货邮吞吐量（万吨）	37.04	44.9
起降架次（万次）	14.77	15.5

资料来源：根据郑州新郑综合保税区管理委员会资料以及中国民航局统计资料整理。

（四）港区政策环境优越

在政策方面，政府加大对港区的支持力度，2013 年颁布用地直批、价格自定、政策直享等 81 条支持政策来助飞航空港区，明确规定，实验区享受城市新区、产业集聚区现行的各类财政扶持政策。就财税政策的支持方面，实验区享有包括"3 年内地方收入全留"在内的 33 条财政激励政策。对有意落地实验区的航空偏好型产业来说，81 条支持政策中，最吸引人的莫过于建设用地的"优先保障"。不仅用地指标优先保障，用地价格也很有弹性。为提高港区的环境形象，政府行为形象起到了很大作用，首先港区、企业自筹资金等方式共投入资金 2600 万元。确保路面清洁；联合执法有效遏制了违法违规车辆的出现；在工地治理方面，绿化面积 1700 余平方米，绿化比例 86%，硬化面积 51000 余平方米，政府的高效行为使得郑州发展更加有序。

港区在文化建设等方面也加大力度，政策的下达，文艺活动的举办，人才的引进，完善了郑州航空港城市文化。同时郑州航空港区内，已建成了较为完善的生活配套设施，致力于建成空港、产业、居住、生态功能区共同支撑的航空都市。

第二节　郑州航空经济发展现状

自 1997 年建成通航，郑州新郑国际机场作为国内干线运输机场和国家一类航空口岸，对郑州乃至河南的经济发展都起到了巨大的支撑作用。郑州航空港经济综合实验区的确立，更是为郑州航空经济的发展插上了翅膀，一系列措施的实施，助力航空经济的发展，也为会展经济以及区域经济的发展提供了有力的保障。

一　郑州航空港经济综合实验区现状

郑州航空港经济综合实验区的建设从设想至今，采取了许多有力的举措，取得了巨大的成就。本节将大事件进行梳理，以更好地反映航空港经济综合实验区的发展（见表 9—5）。

表 9—5　　　　　　　　郑州航空港经济综合实验区建设大事件

序号	时间	事件	意义
1	2007 年	民航优先战略，一号工程。提出"建设综合交通枢纽"；郑州北站（亚洲最大铁路编组站）和郑州国际机场的规划，将铁路从机场下穿过	全国首创，引起国家民航局的极大兴趣
2	2010 年 10 月	国务院正式批准设立郑州新郑综合保税区	中部地区首家综合保税区，也是中部正式封关运营的第一个综合保税区，不足百天获批的"河南速度"
3	2011 年 4 月	全国航空工作会议，要在内陆的中部地区选择一家机场，分担北京、上海、广州三个机场剥离出的中转功能和门户机场的功能	专家代表推介郑州，为实验区的建立奠定基础
4	2011 年 9 月 28 日	国务院出台意见支持河南省建设中原经济区	中原经济区建设上升为国家战略
5	2011 年 11 月	郑州新郑综合保税区正式封关运行	成为郑州航空港经济综合实验区的重要组成部分
6	2012 年 4 月	河南省委常委会讨论航空经济综合实验区，向国务院申请设立	进一步提升了认识
7	2012 年 7 月	国务院出台《关于促进民航业发展的若干意见》	为河南省的申报工作提供了强劲的动力
8	2012 年 7 月	27 个省（区、市）的 51 个城市先后提出 54 个航空经济区的规划与设想	航空港经济实验区规划成为各地经济区域建设热点
9	2012 年 9 月	郑州市跨境贸易电子商务服务试点项目启动	全国唯一一个利用综合保税监管场所进行试点的城市
10	2012 年 10 月	国务院批复同意规划建设航空实验区，要求国家发展改革委牵头编制规划	为郑州航空港实验区建设提供契机
11	2012 年 11 月	国务院批复《中原经济区规划》，进一步支持规划建设实验区	明确郑州建设国内大型航空枢纽，郑州新郑国际机场确定为"十二五"期间中国综合交通枢纽建设试点
12	2012 年 12 月	郑州航空港区（行政规划区，并非 2013 年获批的郑州航空港经济综合实验区）实现地区生产总值 190.7 亿元，同比增长 77.6%	成为中原经济区最具活力的发展区域
13	2013 年 3 月	国务院正式批复了《郑州航空港经济综合实验区发展规划（2013—2025 年）》	全国首个上升为国家战略的航空港经济发展先行区

续表

序号	时间	事件	意义
14	2013 年 4 月	经财政部、国家税务总局批准，郑州新郑国际机场获得保税航油经营许可	中部地区首个获批开展保税航油业务的机场，全年可为在郑执飞国际航线的航空公司节省近 5000 万元的运营成本
15	2013 年 4 月	中西部首个移动通信终端（手机）设备重点检测实验室落户郑州新郑综合保税区	大大促进河南手机的生产和出口
16	2013 年 8 月	郑州海关发布实施《郑州海关支持郑州航空港经济综合实验区建设的十项措施》	通关效能提升，综保区功能拓展
17	2013 年 10 月	海关总署批准郑州新郑综合保税区，分别与淮安综合保税区、郑州出口加工区开展保税货物结转试点	大大提高了申报和通关的效率
18	2013 年 11 月	继苹果公司之后，微软将新郑国际机场作为其国际产品集散地	巨头的示范效应，也会吸引更多的高新技术产品选择郑州机场为其集散地或落户航空港
19	2013 年 11 月	郑州航空港经济综合实验区获得全国第二个综合经济实验区海关国内地区代码	有利于综保区和机场发挥"区港联动"优势，实现双赢发展
20	2013 年 11 月	阿里巴巴集团总裁马云代表莱鸟集团和河南省政府签署战略合作协议	郑州成为继天津、杭州、广州、武汉之后，"莱鸟网络"布局全国的又一重要物流节点城市
21	2013 年 12 月	京东集团联席董事长赵国庆和河南省省长谢伏瞻签署战略合作协议	郑州成为并行于北上广等一级物流中心，也是中原地区唯一的一个一级电商运营中心
22	2013 年 12 月	郑州机场旅客吞吐量 1300 万人次，同比增长 12.7%，货邮吞吐量完成 25 万吨，同比增长 69.5%，增速排名全国第一 到 2013 年底，郑州机场共开通航线 143 条，其中新增 53 条；全货运航线 23 条，其中国际货运航线 19 条，新增 14 条。UPS、FedEx、南航、东航等货运航空公司均已入驻	基本形成通达全国主要城市和欧美亚的航线网络，真正实现"货通全球、物流世界"
23	2014 年 2 月	《郑州航空港实验区概念性总体规划》获河南省政府批复	确定全球协作、中心极化、区域共建、都市提升四大发展战略
24	2014 年 3 月	微软中国与云和软件在郑州正式签署战略合作协议	河南成为微软云计算在中国首个合作伙伴，将建设微软关于手机游戏、手机应用等研发基地

续表

序号	时间	事件	意义
25	2014 年 5 月	完成"1＋7 改革方案",将在行政管理、对外开放、要素保障、城市建设、司法、社会管理、党的建设等方面先行先试	逐步建立既符合国际化和法治化要求、又有利于实验区科学发展的新体制
26	2014 年 6 月	航空港大宗商品交易产业园建成并运营	标志着郑州航空港实验区即将成为全球瞩目的国际大宗商品供应链企业聚集地
27	2014 年 7 月	郑州市政府出台《航空港实验区实施行政执法全面委托的若干规定》,将市级层面所有行政许可、处罚全部委托航空港实验区实施	在全国同类产业集聚区中,率先打造了门类最齐全、授权最彻底、权责最一致、层级最单一、机制最优化的行政执法体制
28	2014 年 9 月	郑州航空港实验区 17 项专项规划进行公示	确保实验区各项公共服务、市政、交通基础设施高标准、高品质建设
29	2014 年 12 月	全年完成地区生产总值 413 亿元,增长 18%;固定资产投资 401 亿元,实现翻番;外贸进出口总额 388.2 亿美元,占全省的 60%。郑州机场客货吞吐量完成 1580.54 万人次和 37.04 万吨,分别增长 20.29% 和 44.86%	增速在全国前 20 个大型机场中排名均居第一位,呈现出国际货邮运输量超过国内货邮运输量、全货机承运量超过腹舱承运量、进出港货邮运输量趋于平衡的良好态势

资料来源:根据郑州航空港经济综合实验区网站、管委会内部资料整理。

二　战略定位

郑州航空港经济综合实验区规划时,确立了五大功能定位:国际航空物流中心、以航空经济为引领的现代产业基地、内陆地区对外开放重要门户、现代航空都市、中原经济区核心增长极。并且按照集约紧凑、产城融合发展理念,优化功能分区,规范开发秩序,科学确定开发强度,构建"三区两廊"空间发展格局(见表9—6)。

表9—6　　　郑州航空港经济综合实验区功能定位及空间规划

五大功能定位	"三区两廊"空间格局
国际航空物流中心 建设郑州国际航空货运机场,进一步发展连接世界重要枢纽机场和主要经济体的航空物流通道,完善陆空衔接的现代综合运输体系,提升货运中转和集疏能力,逐步发展成为全国重要的国际航空物流中心	航空港区 主要包括机场及其周边核心区域,建设空港服务区、综合保税区、航空物流区,建设陆空联运集疏中心等设施,重点布局发展航空运输、航空航材制造维修、航空物流、保税加工、展示交易等产业

续表

五大功能定位	"三区两廊"空间格局
以航空经济为引领的现代产业基地 发挥航空运输综合带动作用，强化创新驱动，吸引高端要素集聚，大力发展航空设备制造维修、航空物流等重点产业，培育壮大与航空关联的高端制造业和现代服务业，促进产业集群发展，形成全球生产和消费供应链重要节点	北部城市综合服务区 位于航空港北侧，建设高端商务商贸区、科技研发区、高端居住功能区，围绕绿色廊道和生态水系进行布局，重点发展航空金融、服务外包、电子商务、文化创意、健康休闲等产业，建设生态、智慧、宜居新城区
内陆地区对外开放重要门户 提升航空港开放门户功能，推进综合保税区、保税物流中心发展和陆空口岸建设，完善国际化营商环境，提升参与国际产业分工层次，构建开放型经济体系，建设富有活力的开放新高地	南部高端制造业集聚区 位于航空港南侧，建设航空科技转化基地和航空关联产业发展区，重点布局发展通用航空设备制造、电子信息、生物医药、精密机械、新材料等产业
现代航空都市 树立生态文明理念，坚持集约、智能、绿色、低碳发展，优化实验区空间布局，以航兴区、以区促航、产城融合，建设具有较高品位和国际化程度的城市综合服务区，形成空港、产业、居住、生态功能区共同支撑的航空都市	沿南水北调干渠生态防护走廊 充分利用南水北调干渠两侧绿色防护林带设置生态防护走廊，遵循优先保护水质原则，按照干渠管理规定有序建设沿岸森林公园、水系景观、绿化廊道等，打造体现航空文化内涵、集生态保护和休闲游览于一体的景观带
中原经济区核心增长极 强化产业集聚和综合服务功能，增强综合实力，延伸面向周边区域的产业和服务链，推动与郑州中心城区、郑汴新区联动发展，建设成为中原经济区最具发展活力和增长潜力的区域	沿新107国道生态走廊 在实验区新107国道两侧，规划建设防护林带，形成错落有致、纵贯南北的生态景观长廊

资料来源：根据《郑州航空港经济综合实验区发展规划（2013—2025年）》整理。

三　发展目标

河南省将以郑州机场为核心打造"郑州航空港经济综合实验区"，并将这个"综合实验区"打造成为中原经济区发展的引擎和国家内陆开放高地，未来的实验区将是一个宜居、生态、绿色、环保等为一体的"新都市"（见表9—7）。

表9—7　　　　　　　郑州航空港经济综合实验区发展目标

大枢纽	航空货邮吞吐量达到300万吨左右，跻身全国前列，国际航空货运集散中心地位显著提升
大产业	形成创新驱动、高端引领、国际合作的产业发展格局，与航空关联的高端制造业主营业务收入超过10000亿元
大都市	营商环境与国际全面接轨，建成进出口额达到2000亿美元的现代化航空都市，成为引领中原经济区发展、服务全国、连通世界的开放高地

资料来源：根据《郑州航空港经济综合实验区发展规划（2013—2025年）》整理。

第三节 会展业:郑州航空经济格局中的重要一极

航空港建设将郑州固有的区位、交通优势急剧放大,目前河南基本成为物流成本最低的省份。借郑州航空港建设的东风,定位临空会展,立足本土合理布局,完善市场机制,制定优惠政策,构建会展产业链多业态协同复合经营模式,与会展业相关方建立长效合作机制,是郑州会展业发展的有效路径,也将更好地发挥会展业在实现经济目标、社会目标、生态目标建设方面的功能。

一 郑州市会展业发展现状

郑州会展业的发展得到国内外的广泛认可,郑州市先后获得"中国十佳会展城市"、"中国最具潜力的会展新锐城市"、"全国优秀会展城市"等奖项,会展业在郑州经济发展和城市建设中发挥着重要的带动和优化作用。

（一）会展业发展基础良好

郑州地处中原腹地,具有独特的区位交通优势,是全国铁路网、高速公路网的重要枢纽,未来的郑州将逐步成为中国进出口货物集疏中心与洲际航空中转中心,这些条件是会展业发展的良好基础。2001 年,郑州市委、市政府提出大力发展现代服务业,把会展业纳入重要的工作部署;2005 年郑州国际会展中心建成投入使用;2009 年以来出台了支持发展会展业的系列政策。这些为会展业的快速发展奠定了基础。

（二）会展业推动作用明显

目前,郑州会展业综合竞争力显著提高,对经济和社会发展推动作用明显,大会展格局初步显现。2006 年以来,会展业每年的经济拉动效益都在 60 亿元以上,2013 年实现经济效益约 170 亿元。2013 年郑州商务和会议旅游占游客总数的 41.4%,会展活动拉动物流业消费约 3 亿元。会展业是劳动就业"吸纳器",有分析表明每增加 1000 平方米的展览面积,就可以创造上千个就业机会,2013 年全市展览总面积增加近 20 万平方米,创造了大量的就业机会。同时,郑州会展产业注重专业展览和特色节庆同步发展,已初步形成结构相对合理的大会展发展格局（大会展,即会议、展览、节庆、赛事、演艺、会奖、培训、产业观光、主题公园、公关活动、传播活动的统称）。

（三）会展业优化作用明显

会展业的发展是促进产业结构优化调整和经济发展方式转变、推动现代服务业发展的重要抓手。如中国（郑州）国际汽车后市场博览会将国内外优势资源汇聚郑州，有力推动了郑州汽车后市场产业发展，提升产业辐射力，促成河南汽车后市场产业园等一批项目落地发展。同时，产业的快速发展助推展会实现飞跃，短短 7 年时间发展成为同行业国内规模最大的展会，实现展会与产业相互促进，融合发展的良好局面。

二　航空经济带来郑州会展发展大机遇

会展业属于航空引致产业，是临空产业的重要组成部分，一般布局在环绕机场 5—10 千米的范围。郑州航空港经济综合实验区的建设和发展，在"打造大枢纽、发展大物流、培育大产业，建设国家中心城市"的发展目标下，确立了专业会展为主导产业的发展战略，积极打造具有国际影响力的高端航空及关联产业展会品牌，为郑州会展业带来历史性的发展机遇。

（一）大枢纽呼唤大布局

国家、省市各级领导高度重视会展业。2011 年 11 月 9 日，商务部等34 个部门关于联合发布《服务贸易发展"十二五"规划纲要》，确定了"十二五"期间我国服务贸易重点发展的 30 个领域，其中包括"会展服务"。《中原经济区规划》中也明确提出要积极发展会展业，举办国际性展会，培育知名会展品牌，支持郑州发展国际会展业。《郑州航空港经济综合实验区发展规划》中将会展业为代表的现代服务业作为三大主导产业重点发展。郑州应该抓住机遇，在大枢纽建设中布局大会展。

（二）大物流促动大项目

大枢纽的建设目标定位郑州为国际货运枢纽、快件集散中心和供应链管理中心。多式联运形成了快达交通体系，带动了供应链整合，促进信息技术的发展和应用，形成大物流格局。随之涌来的客流、机流、资金流、信息流，为会展业的蓬勃发展创造了有利条件，也为会展业发展提供了一大批新项目类型。国际经验表明，知名会展城市首要具备条件是便利的交通区位优势，郑州会展业发展正当时。

（三）大产业拓展大视野

大枢纽带来大物流，大物流带动大产业。未来郑州航空港区将着力发展航空物流、高端制造、现代服务业三大主导产业，形成创新驱动、高端引领、国际合作的产业发展格局。会展业的带动、辐射、集聚、优化、提升功能将在航空服务及现代物流产业集群、智能手机产业集群、生物医药产业集群、现代服务业产业集群发展中发挥积极作用，展会项目将由传统优势产业向电子信息、航空物流等产业拓展。

（四）大就业推进大发展

伴随着物流、客流、机流、资金流、信息流的发展，大就业是必然趋势，也为具有服务经济特色的劳动密集型产业——会展业发展积蓄了力量；同时，也大大提升郑州的辐射带动力，带来广阔的消费空间，为郑州会展业的发展提供更加丰富的资源。以会展业为切入点，重点发展会展业与旅游业、零售业、娱乐业、广告印刷业、交通业、餐饮业的融合，完善会展服务产业链，充分发挥会展的产业带动作用，促进郑州城市经济的发展。

（五）大都市提升大会展

将郑州建设成为现代航空大都市是奋斗目标，也是与会展业发展的良性互动结果。会展业发展需要城市优美的自然环境和良好的生态环境，也促使城市向生态城市、智慧城市、宜居城市和创新城市发展。航空大都市的发展愿景是，实现营商环境与国际全面接轨，建成进出口额达到2000亿美元的现代化航空都市，使郑州成为引领中原经济区发展、服务全国、连通世界的开放高地。这者实为大会展发展提供了有利条件。

第四节　郑州临空会展业的发展建议

作为朝阳产业的会展业，在城市的发展过程中占据越来越重要的地位，同时，作为城市对外开放的门户航空港区的建立，也在城市的发展中扮演着重要的角色，甚至成为所在城市的形象标志。因此，会展经济与航空经济协同发展直接关系到所在城市的经济社会发展，以及整体形象的提升。而临空会展业的发展，是借助会展经济与航空经济的协同发展优势，对于郑州的国际化形象塑造，城市整体实力的增强产生巨大的推动作用。

一　战略建议

截至 2011 年底，中国会展业已经形成了长三角、珠三角、环渤海三个会展城市群，东北、中部、西部三个会展城市带和海西、海口两个会展城市圈。航空港建设将郑州固有区位、交通优势急剧放大，目前，河南基本成为物流成本最低的省份。郑州位于中部会展城市带的中心位置，应抓住郑州航空港经济综合实验区建设的机遇，大力发展临空会展，勾勒中国会展经济新版图。

（一）定位高端化

临空会展定位为依托紧邻机场的区位优势，利用郑州市的旅游优势，有效整合郑州市的会展资源，以发展专业会展和会议活动为基础，逐步完善和延伸产业链，构建临空指向性的会展产业体系。郑州发展会展业，必须坚持"展览、会议、节庆活动并举，以展览为主"的原则，按照专业化、品牌化、国际化的发展方向，紧紧依托机场配置的宾馆、酒店、商务、办公等设施，发展特色会展活动及会议活动，到 2020 年发展成为中部会展产业带龙头城市，建成立足全国、面向世界的国家区域性会展中心城市。

（二）布局本土化

以实施《郑州市城市总体规划（2008—2020 年）》为契机，以郑州的区位优势、交通优势、产业优势、资源优势、展馆设施和对外开放等为依托，以建设中部会展之都为目标，树立大会展的理念，整合会展资源，促进货物贸易、服务贸易、加工贸易、技术贸易、投资贸易等不同贸易形式的会展项目发展。以发展与郑州市支柱产业和专业市场关联度较高的专业展览为重点，以厚重的中原文化为载体，依托专业商贸市场优势，弱化展馆不足问题，努力培育一批国际化、专业化的知名会展品牌，把郑州建设成为中国"中部会展之都"。

（三）项目临空化

实施临空会展战略，形成会展品牌项目体系。2013 年郑州市举办展会 192 个，展览总面积 191 万平方米，其中专业性展会 184 个，占全市展会总数的 95.8%；专业性展会展览面积 173.95 万平方米，占全市展览面积的 90.8%。今后，借助临空经济发展之势，内引外联，积极引进国内外知名的专业航空展会，围绕郑州临空经济产业布局，精心开发、培育航空类品牌展会、电子信息类展会和生物医药类展会，力争培育出1—5个高质量、高效益的临空产业品牌展会。

（四）监管标准化

成立会展事务局，统领全市会展经济发展；进一步加强政策导向，着力完善市场运行规则，营造统一、开放、竞争、有序的市场环境；加强会展行业协会的作用，完善服务、咨询、信息、监督、协调的功能；优化会展业发展政策环境，完善会展业规范性文件，特别是知识产权方面的政策法规及实施细则；合理规划会展硬件设施及配套服务设施建设；建立会展统计制度，完善指标体系、调查制度和统计网络，及时掌握行业运行和发展的全面信息，建立信息发布平台，为制定产业发展政策和管理决策提供依据。

（五）服务市场化

学习国际先进理念，借鉴法兰克福等城市的经验和做法，完善会展业服务体系，突出政府监管职能；按照市场规律，大力发展会展相关产业，加速构建以广告、公关、搭建、租赁、餐饮、住宿、旅游、商购、娱乐、健身等为支撑的会展产业链多业态协同复合经营模式，形成行业配套、产业联动、运行高效的会展业服务体系。

（六）合作长效化

郑州鑫达实业有限公司已经与全球最大的办展机构——英国励展集团组建合资公司。这是励展集团首次将业务布局在中国中西部地区，是郑州会展业加强国际合作的示范性举措。目前，更应该抓住郑州航空港建设的契机，不断加强与国际展览联盟（UFI）、国际会议中心协会（AIPC）等国际会展组织的联系，积极开展与励展、法兰克福国际展览公司等会展企业的交流与合作，学习有关国家和地区的先进经营理念、管理经验，持续开展办会办展、场馆设施、人员培训、信息交流等方面的广泛合作；同时，探索学校、企业、协会三方合作模式，建立教学参与、企业需求、协会架桥为导向的长效合作机制。

二　发展任务

随着经济的发展，会展业逐渐成为临空经济区的一个重要产业。临空经济区作为城市新区的出现，既是来自国家层面的战略选择，同时也是各区域将主要资源和优势要素向临空经济区进行集聚的结果，由此带来的一个效果就是临空经济区优先得到发展。郑州会展业应该借此东风，大力发展临空会展业，带动全市大会展行业的发展，向着国际会展城市的行列迈进。

（一）发挥临空化优势

郑州是当前世界上航空货运增速最快的城市，两个小时内航程可到达全国67%的城市，航线不仅涉及国内主要的内陆城市，而且也能快速抵达欧、亚、美、非、大洋洲等目的地。随着航空港区的建设，各项配套设施趋于完善，政策环境优越，服务效率逐步提高，为临空会展业的发展提供了坚实的基础。

临空经济区的产业聚集效应有利于吸引更多的资本和人才流向制造业等实体产业，实现二者的科学配置，避免实体产业"空心化"。同时，郑州航空港的八大产业园建设：航空物流产业园区、智能终端（手机）产业园、电子信息产业园区、精密机械产业园、电子商务产业园、商贸会展产业园、生物医药产业园区、航空制造维修产业园区，弥补了郑州产品行业的空白，对于展会的举办提供了更加丰富的产业基础。

（二）培育会展集群经济

临空会展业是伴随着社会生产方式的演变、会展经济与航空经济的繁荣而兴起的。政府应该支持临空会展企业利用位于临空经济区的区位优势，通过与航空格式的资源整合或者业务合作，轻松获取航空业自身所具有的一系列的硬件资源和软件资源的支持，如航线资源、连锁酒店、物流配送、为客户提供个性化服务等，这必将为会展活动提供更为完善的服务，使得会展业的发展更为成熟。随着郑州航空经济的发展，现代服务业将呈现质的发展，会吸引大批在生产流通中居于垄断地位的财团、金融巨头、商贸中心和超级市场。高产值、高附加值的临空会展业将拉动零售业、交通运输业、娱乐业、旅游业等多个服务部门的发展，形成独具特色的多元化服务业集聚区。

（三）强化"港—产—城"效应

1998年3月，郑州新郑机场开通了至莫斯科、西雅图的首条国际货运包机航线。经过近二十年的发展，2015年5月，郑州新郑机场覆盖全球的航空货运网络骨架已基本形成，第五航权航线成功开通。航空客运方面，目前在郑州机场运营的客运航空公司共计32家，比2014年增加9家；通航国际国内73个城市，与2014年相比增加7个；客运通航航线

116条，其中国内客运航线98条，国际和地区客运航线18条。郑州新郑国际机场T2航站楼建成后，郑州机场将成为具备空陆联运条件，实现客运"零距离换乘"和货运"无缝衔接"的现代综合交通枢纽。航空运输的发展，促进了郑州与世界各地间的经贸合作和文化交流，也积极推动了郑州举办各种大型国际会议与展览，促使会展业发展国际化、专业化。

在郑州航空港建设的同时，必须强化"港—产—城"效应，以发挥会展业的关联效应为突破口，加强会展经济与航空经济的协同发展，促进港区经济—产业经济—城市经济的协同发展，真正确立会展业作为港区发展和郑州城市发展的主导产业与支柱产业的地位。

（四）实施会展品牌战略

品牌化已成为世界会展业发展的重要趋势之一。郑州要把培育品牌展会作为会展业发展的核心任务，立足郑州、团结中部、面向全国、走向全球，加快实施会展品牌战略。《郑州市会展业发展规划（2010—2020年）》提出，"坚持树立品牌观念，强化品牌意识，对现有展会进行分类和整合，加大扶持培育力度，逐步推动其向品牌展会发展。积极引进和移植国内外知名品牌展会，提升城市会展品牌形象，扩大郑州会展业的国际影响力。"

目前，郑州实施会展品牌战略更具优势，航空经济的发展不仅给会展业提供了便利和支撑，也同时对展会品质、办展理念、服务体系等一系列会展工作提出了更高的要求，促使郑州会展业必须更加突出特色，依托本土，走向世界，想尽办法办出精品展会，以品牌展会参与全球的会展业竞争。同时，也更有利于吸引国内外知名展会的加入，使得郑州在更高的平台上，与知名企业共同联手打造会展品牌，扩大会展规模和国内外影响力。

（五）拓宽合作领域及渠道

会展业全球化竞争日益深入，郑州必须以建设国际化的会展城市为目标。同时，会展业的竞争将越来越从国家、省、区等行政性区划中脱离出来，转而形成以城市为单位对全球会展资源的竞争性争夺。郑州必须认识到这一点，拓展会展业的国内外合作，据以对场馆、展会、展商等要素进行合理布局，引导合作与协同，注重跨行业、跨领域的合作，应该充分利用好航空经济发展带来的机遇，避免恶性竞争和重复性投资，加强与湖北、湖南、河南、安徽、江西、山西等各省市之间的交流与合作，增强中心城市集聚和辐射功能。

（六）尽快发展会展旅游

随着经济的发展，生活水平的提高，旅游产业得以迅速崛起，会展举办地发展成为旅游目的地。从国内外的会展发展历程来看，高知名度的国际性会展能够大大提升目的地形象，增强知名度，使会展举办地发展成为旅游胜地，由此带来客、货的流通和聚集。会展旅游一般带有商业性质，参加会展旅游的人一般多为商业人士，讲究高效、快捷。因此，航空运输是他们的首选。

郑州旅游业发达，发展会展旅游具有自身的独特优势。2009—2013年，郑州不论是接待入境游客的次数还是国内外旅客的人数均逐年增加，经济收入也不断提高（见表9—8）。

表9—8　　　　　　　　郑州市旅游产业基本情况

年份	接待入境游客（万人次）	旅游外汇收入（万美元）	接待国内旅游人数（万人次）	旅游总收入（亿元）
2009	32.1	12279	4136.0	399.0
2010	34.9	13384	4797.3	509.0
2011	38.4	15000	5425.7	589.9
2012	42.2	15800	6158.2	700.1
2013	43.8	16500	6975.8	801.0

资料来源：根据郑州统计信息网资料整理。

通过表9—8的数据分析，2011—2013年，郑州会展业收入水平占旅游总收入的比例分别是22.04%、20.42%、21.22%，均达到20%以上；2013年郑州接待国际游客43.8万人次，接待国内旅客6975.8万人次，实现旅游总收入801.0亿元，旅游、商务休闲活动有力地推动了消费品市场的增长，也带动了郑州航空港区经济的发展。因此，尽快发展会展旅游，在促进旅游业增长的同时，能够提供多元化的经济增长，是临空会展业发展的重要内容，也是会展经济与航空经济协同发展的重要途径。

（七）加快会展生态圈建设

会展场馆从本质上讲，就是一种服务，能够大力推动会展产业的进步，提高和调控展会也是市场化程度。会展场馆作为会展经济发展的载体，配套设施的水平直接影响展会场馆的水平。大型场馆选址具有排他性，特别是当某一大型场馆需要调动多个行政单位的力量时，大型场馆对区域会展资源的垄断作用将会更加显著。作为目前郑州的标志性建筑之一，绿地会展城建成后，将进一步提高航空港区的品位、形象与知名度，成为助力郑州带动河南省会展经济发展的重要支撑。而这个超大型场馆也将成为一种一业为主、多业态兼容的会展综合体，其主体业务和配套服务的建设，将促使围绕它形成一个会展生态圈。

本章小结

会展业与航空港都是速度经济的产物，同时又是一个朝阳产业，对经济的带动性非常强。会展经济和航空经济都是外向型经济，会带动区域经济水平的提高，促使区域文化内涵的提升，展会在推广与宣传过程中也有利于促使市民建立良好的行为形象；会展业在发展过程中，展馆等的建设会促进城市基础设施的完善，城市基础设施的完善，又为会展业的发展提供坚实的基础；同时城市的建筑景观、地标性建筑能够提升展会的知名度和市民对展会的认知，城市良好的国际形象有利于展会朝着专业化、国际化水平方向发展，会展业与城市国际形象是一个双向互动的关系。

郑州"中部会展之都"的地位和"国际化会展城市"的建设目标，需要发挥城市各部门、各环节的综合力量，集聚和整合各种资源和产业优势。随着郑州航空港经济综合实验区获批，从建设交通枢纽到带动物流发展，从撬动产业集聚到城市功能完善，航空经济的优越性越来越强大，郑州会展业也应抓住机遇，总结并走出一条适合自己发展的路径，在政府大力扶持以及建立长效机制下，会展业发展与航空港发展齐头并进，协同发展，使得郑州在经济发展水平、产业结构、国际形象及国际地位上均得到提升，提升郑州在国际社会的影响力。

附录一

附表 1—1   我国临空经济区及依托的机场统计

序号	临空经济区	所在城市	临空经济区依托的机场			所在城市会展场馆总面积（平方米）
			机场名称	客运量(人次)	货运量（吨）	
1	顺义临空经济区	北京	首都国际机场	83712355	1843681.075	1241888
2	新机场临空经济区（规划中）	北京	北京新机场	450000000（2020）720000000（2025）	13000000（2020）20000000（2025）	1241888
3	虹桥临空经济区	上海	虹桥国际机场	35599643	435115.9	1378088
4	浦东临空经济区	上海	浦东国际机场	47189849	2928527.1	1378088
5	天津临空产业区	天津	天津滨海国际机场	10035833	214419.8	167100
6	大沈阳临空经济区	沈阳	沈阳桃仙国际机场	12106952	136066.1	298943
7	甘井子区临空经济区	大连	大连周水子国际机场	14083131	132，330.4	182900
8	空港临空经济区	石家庄	石家庄机场（正定机场）	5110536	42976.2	270858
9	空港城临空经济开发区	唐山	唐山三女河机场	180660	1212.6	30498
10	禄口临空经济区	南京	南京禄口国际机场	15011792	255788.6	324860

序号	临空经济区	所在城市	临空经济区依托的机场			所在城市会展场馆总面积（平方米）
			机场名称	客运量(人次)	货运量（吨）	
11	南京唯度京港国际物流中心	南京	南京禄口国际机场	15011792	255788.6	324860
12	临空产业区	徐州	徐州观音机场	1112811	6298.0	52469
13	空港产业园	常州	常州机场（奔牛）	1526605	15250.7	20000
14	空港产业园	盐城	盐城南洋国际机场	354251	3034.6	100000
15	新区空港产业园区	无锡	苏南（硕放）国际机场	3590188	87641.6	709800
16	南通空港产业园	南通	兴东机场	675660	21593.4	7640
17	连云港航空城	连云港	连云港民航机场（白塔埠机场）	563584	1462.9	38000
18	萧山空港经济区	杭州	萧山国际机场	22114103	368095.3	477500
19	空港物流园区	宁波	宁波栎社国际机场	5459333	64247.3	149080
20	空港经济区	温州	温州永强机场	6595929	59787.1	592000
21	临空经济有限公司	嘉兴	嘉兴机场			61000
22	临空产业园（正在规划中）	海口	美兰国际机场	11935470	111813.6	117472
23	空港经济区（设想中）	琼海	琼海博鳌机场	480000（2016年通航预计）	1440（2016年通航预计）	37000
24	临空经济区	临沂	沭埠岭机场	767844	4100.4	10000
25	临港经济开发区	济南	遥墙国际机场	8139087	72560.9	1020000
26	空港及临空经济区	青岛	流亭机场	14516669	186195.7	155000

序号	临空经济区	所在城市	临空经济区依托的机场			所在城市会展场馆总面积（平方米）
			机场名称	客运量（人次）	货运量（吨）	
27	空港经济区	济宁	济宁曲阜机场	334598	935.4	2169670
28	临空经济区	福州	福州长乐国际机场	8925923	110239.4	305500
29	国际航空城	厦门	厦门国际机场	19753000	299500	368900
30	花都空港经济区	广州	白云国际机场	52450262	1309745.5	2192968
31	航空产业园	珠海	珠海机场（珠海三灶机场）	2894357	22667.1	1760667
32	宝安大空港区	深圳	深圳宝安机场	32268457	913472.1	863000
33	临空经济区	哈尔滨	哈尔滨太平国际机场	10259908	92309.6	158040
34	临空经济区	大庆	大庆萨尔图机场	541420	2592.7	20340
35	临空经济区	武汉	武汉天河机场	15706063	129450.3	537036
36	临空经济区	孝感	武汉天河机场	15706063	129450.3	
37	临空经济区	长沙	长沙黄花机场	16007212	117588.7	249000
38	临空经济区	浏阳	长沙黄花机场	16007212	117588.7	
39	合肥新桥临空产业	合肥	新桥机场（骆岗国际机场）	5628013	39984.2	123580
40	郑州航空港经济综合实验区	郑州	新郑国际机场	13139994	255712.7	306032
41	昌北临空经济园区	南昌	昌北国际机场	6811028	40389.0	175000
42	航空城	乌鲁木齐	乌鲁木齐国际机场（乌鲁木齐地窝堡国际机场）	15359170	153275.3	25800
43	双流临空经济区	成都	成都双流国际机场	33444618	501391.2	598000

续表

序号	临空经济区	所在城市	临空经济区依托的机场			所在城市会展场馆总面积（平方米）
			机场名称	客运量(人次)	货运量（吨）	
44	空港新城	重庆	重庆机场	建设中		686000
45	空港经济区	昆明	昆明长水国际机场	29688297	23979259	298000
46	龙洞堡临空经济区（规划中）	贵阳	贵阳龙洞堡国际机场	10472589	77425.2	152100
47	西咸新区空港新城	西安	咸阳国际机场	26044673	178857.5	
48	空港科技产业园	鄂尔多斯	伊金霍洛国际机场	1731882	1800572	47500
49	空港经济区	南宁	南宁吴圩国际机场	8157331	86949.6	150000
50	曹家堡临空综合经济区	西宁	西宁曹家堡机场	3236417	19940.1	18000
51	宁夏临空经济区	银川	银川河东机场	4247843	29105.0	220000

资料来源：根据中国临空经济网、中国民航网、各临空经济区官网资料整理。

附表1—2　　　　　　　　　　主要场馆距离机场距离

机场名称	主要场馆名称	机场距场馆距离	会展业所在区域		
			空港邻近区	空港交通走廊地带	外围辐射区
首都国际机场	中国国际展览中心	19.58			
	北京国家会议中心	26			√
	北京全国农业展览馆	22			√
	中国国际展览中心（新馆）	7.5		√	
	北京展览馆	39			
	中国国际贸易中心	25.3			√
	中国国际贸易中心（新馆）	5.51	√		

机场名称	主要场馆名称	机场距场馆距离	会展业所在区域		
			空港邻近区	空港交通走廊地带	外围辐射区
虹桥国际机场	上海新国际博览中心	32			
	上海光大会展中心	15			√
	上海国际展览中心	9.6			
	上海世贸商城	9.7			
	上海世博展览馆	20.7		√	√
	上海展览中心	14.8		√	√
	上海东亚展览馆	11.8			√
	上海国际会议中心	18.6			√
浦东国际机场	上海新国际博览中心	33			
	上海光大会展中心	50			
	上海国际展览中心	53.6			
	上海世贸商城	52.9			
	上海世博展览馆	47.6			
	上海展览中心	48			
	上海东亚展览馆	45.1			
	上海国际会议中心	40.7			
天津滨海国际机场	天津国际展览中心	21.8			√
	天津滨海国际会展中心	40			
	天津梅江国际会展中心	22			√
	天津自然博物馆	21.4			√
	天津历史博物馆	18.5			√
	天津体育展览中心	24.6			√
沈阳桃仙国际机场	沈阳国际展览中心	14.5			√
	沈阳国际汽车博览馆	19			√
	辽宁省农业展览馆	31			
	辽宁省科学技术馆	19.6			√
	辽宁省博物馆	24.9			√
	沈阳故宫博物院	24.4			√
	辽宁美术馆	19.6			√
	辽宁工业展览馆	19.4			√
	沈阳科学宫会展中心	17.8			√

续表

机场名称	主要场馆名称	机场距场馆距离	会展业所在区域		
			空港邻近区	空港交通走廊地带	外围辐射区
大连周水子国际机场	大连世界博览广场	12.5			√
	大连自然博物馆	12.5			√
	大连艺术展览馆	9.9		√	
	大连星海会展中心	10.7			√
	大连现代博物馆	10.9			√
	大连国际博览中心	11.9			√
石家庄机场（正定机场）	石家庄老火车站会展中心	36.7			
	石家庄国际会展中心	35.4			
	河北省博物馆	38.7			
	河北国际商贸会展中心	43			
	河北省科学技术馆	35.2			
	石家庄人民会堂会展中心	34.9			
唐山三女河机场	唐山国际会展中心	17.6			√
南京禄口国际机场	南京国际展览中心	43.6			
	南京国际博览中心	39.2			
	江苏省农业展览馆	42.9			
	江苏省五台山体育中心	42.5			
	江苏省美术馆	40.4			
	江苏展览馆	44.3			
徐州观音机场	徐州市国际会展中心	38.1			
	徐州市展览馆	47.1			
	徐州博物馆	44.2			
常州机场（奔牛）	常州国际展览中心	22.9			√
	常州市工业展览馆	26.1			√
盐城南洋国际机场	盐城市国际体育会展中心	11.2			√
	盐城国际会展中心	7.7		√	√
	盐城市书画院	9.7		√	
苏南（硕放）国际机场	无锡太湖国际博览中心	11.1			√
	无锡新体育中心	20.8			√
	无锡市博物馆	19.8			√
	无锡市新区科技会展中心	9.1		√	
	无锡展览馆	19.5			√

机场名称	主要场馆名称	机场距场馆距离	会展业所在区域		
			空港邻近区	空港交通走廊地带	外围辐射区
兴东机场	通州区城市展览馆	18			√
连云港民航机场（白塔埠机场）	连云港国际展览中心	44.2			
萧山国际机场	杭州和平国际会展中心	29.9			√
	浙江世贸国际展览中心	30.2			
	杭州休博园会展中心	29.1			√
	杭州市国际会展中心	46.9			
	浙江展览馆	30			√
	国际会展中心	39			
	浙江省博物馆	33.6			
	杭州省科学技术馆	30			√
	中国丝绸博物馆	30			√
	浙江自然博物馆	42.7			
宁波栎社国际机场	宁波国际展览中心	19.6			
	宁波新闻文化展览中心	13.5			√
	宁波市展览馆	1.6	√		√
	宁波国际汽车城	10		√	
温州永强机场	温州市展览馆	20			√
	温州博物馆	28.3			√
	温州国际会展中心	17.8			√
嘉兴机场	嘉兴国际会展中心	86.7		√	
	中国嘉兴.桐乡市科技会展中心	65			
美兰国际机场	海南国际会议展览中心	42			
	海口会展中心	40			
	海口市博物馆	17.5			√
	海南黎族苗族自治州博物馆	40			
琼海博鳌机场	博鳌亚洲论坛永久会址	12			√
沭埠岭机场	临沂规划展览馆	9.51		√	

续表

机场名称	主要场馆名称	机场距场馆距离	会展业所在区域		
			空港邻近区	空港交通走廊地带	外围辐射区
济南国际机场（遥墙国际机场）	济南国际会展中心	25.6			√
	山东机械设备展览中心	34.6			
	山东国际博览中心	25.8			√
	山东省工业展览馆	36.7			
	济南舜耕国际会展中心	39.6			
	济南国际装饰材料会展中心	35			
	山东省科技馆	28.5			√
流亭机场	青岛国际会展中心	68.9			
	山东省国际贸易中心	25.8			√
济宁曲阜机场	开发区展览中心	63.94			
	济宁商务馆	41.09			
福州长乐国际机场	福州国际展览中心	55.8			
	福建省科技馆	47.5			
	福建省外贸中心展厅	56.6			
	福建经贸会展中心	55			
	福州市展览馆	48.6			
厦门国际机场	厦门国际会展中心	12.4			√
	厦门富山国际展览城	8.7		√	
	华侨博览馆	13.9			√
白云国际机场	中国进出口商品交易展馆	24.1			√
	广州保利世贸展览馆	18.9			√
	广东省博物馆	8.5			
	广州锦汉展览中心	5.1			
	广州文化公园	9.6			
	广州白云会议中心	26.5			√
	广州花城会展中心	45.2		√	
	广州南山国际会议展览中心	99.6		√	
	广东国际贸易大厦展览中心	30.3		√	
	广州国际采购中心	19.2			√
	中洲国际商务展示中心	19.4			√
	广州 AEC 汽车城	47.7			
	广东东宝展览中心	29.4			√

机场名称	主要场馆名称	机场距场馆距离	会展业所在区域		
			空港邻近区	空港交通走廊地带	外围辐射区
珠海机场 （珠海三灶机场）	珠海国际会展中心	43.7			
	中国国际航空航天博览中心	27.1			√
	广东顺联机械博览中心	27.1			√
	南丰国际会展中心	168.1			
深圳宝安机场	深圳会展中心	30.8			
	深圳市工业展览馆	28.7			√
	深圳国际贸易中心	38.9			
	深圳518时尚创意园	10.5			√
	深圳国际会议中心	36.41			
新白云机场	中国陶瓷城	8		√	
	佛山市国际会议展览中心	16.7			√
哈尔滨太平国际机场	哈尔滨国际会展中心	42.6			
	黑龙江国际博览中心	37.3			
	黑龙江省博物馆	37.6			
	哈尔滨国际会展体育中心	42.6			
	哈尔滨展览馆	39.9			
大庆萨尔图机场	大庆市展览馆	20			√
	大庆油田物资大厦会展中心	34			
武汉天河机场	武汉国际会展中心	22.5			√
	湖北省博物馆	27.6			√
	武汉国际博览中心	30			√
	华中国际博览中心	29.5			√
	武汉科技会展中心	33.4			
	武汉展览馆	17.8			√
	武汉科学技术馆	18.9			√
	湖北对外经贸服务公司国际展览厅				
武汉天河机场	孝感市孝南区大礼堂	2			
	孝感礼堂	2		√	
	孝感国际会议中心	55.8		√	

续表

机场名称	主要场馆名称	机场距场馆距离	会展业所在区域		
			空港邻近区	空港交通走廊地带	外围辐射区
长沙黄花机场	长沙红星国际会展中心	27.4			√
	湖南省博物馆	22.5			√
	湖南省展览馆	23			√
	湖南国际会展中心	21			√
	浏阳市博物馆	40.8			
	浏阳花炮博物馆	54.1			
新桥机场（骆岗国际机场）	安徽国际会展中心	32			
	安徽省博物馆	31.7			
	安徽省农业展览馆	33.3			
	安徽合肥市科技馆	31			
新郑国际机场	郑州国际会展中心	26			√
	河南郑州中原国际博览中心	27.8			√
	郑州科学技术馆	31.7			
	中原贸易中心	30			√
	（河南省工业博览会）	31.3			
	河南省农业科技展览馆	32.7			
	郑州市博物馆	30			√
昌北国际机场	江西省展览中心	20			√
	江西省展览馆	20.5			√
	江西省博物馆	20.1			√
	南昌市博物馆	24			√
	京东鹿鼎家居博览中心	19.6			√
	南昌国际展览中心	23.1			√
乌鲁木齐国际机场（乌鲁木齐地窝堡国际机场）	新疆国际会展中心	11.7			√
	新疆维吾尔自治区博物馆	13.7			√

续表

机场名称	主要场馆名称	机场距场馆距离	会展业所在区域		
			空港邻近区	空港交通走廊地带	外围辐射区
成都双流国际机场	成都世纪城新国际会展中心	11.6			√
	成都国际会议展览中心	15.1			√
	韩国贸易馆（成都）	14.1			√
	成都国际展览贸易中心	14.3			√
	四川省展览馆	15.3			√
	四川省农业展览馆	12.2			√
	四川省博物馆	11.9			√
	四川省美术展览馆	13.1			√
	成都科技会展馆	12.2			√
	会议展览中心	13.7			√
	二十一世纪国际汽车会展中心	10.8			√
重庆机场	重庆国际会议展览中心	25.6			√
	重庆会议展览中心	28			
	重庆市博物馆	30			
	重庆自然博物馆	40			
	重庆市鹰冠国际展览中心	20			√
昆明国际新机场	昆明国际会展中心	2		√	
	昆明会堂	23.4			√
贵阳龙洞堡国际机场	广西南宁国际会展中心	34.8			
咸阳国际机场	西安曲江国际会展中心	26.9			
	西安国际展览中心	35			
鄂尔多斯国际机场	鄂尔多斯国际会展中心	20			√
南宁吴圩国际机场	南宁国际会展中心	30.2			
西宁曹家堡机场	青海国际会展中心	17			√
银川河东机场	银川国际会展中心	30.2			

资料来源：根据中国会展网、中国机场网资料整理。

附表 1—3　　　　　　　　我国主要临空经济区产业统计

临空经济区	所在城市	主要产业
顺义临空经济区	北京	航空运输、电子信息、会展业、现代加工制造、航空物流、汽车制造、金融、生物医药、都市型现代农业、旅游、文化创意、高端商务、国际商贸、航空枢纽服务业
花都空港经济区	广州	金融服务、会展、航空物流、现代物流业、飞机维修、飞机零部件、节能环保、总部经济、高新技术产业
虹桥临空经济区	上海	高新技术业、会展业、信息服务、房地产、都市型工业、互联网新兴产业、现代物流、航空服务、企业培训
宝安大空港区	深圳	商务会展业、物流业、临空高端制造业、大型商业中心、高端生产服务业
郑州航空港经济综合实验区	郑州	商贸会展、航空制造维修、航空物流、生物医药、电子商务业、精密机械产业、智能终端（手机）产业、电子信息产业
天津临空产业区	天津	航空运输、航空物流、民航科教、航空设备制造业、航空维修、民航科技、会展业、旅游
青岛空港及临空经区	青岛	工艺首饰品、生物制药、新材料工业、纺织加工业、航空物流、航空食品、航空器维修、航油航材业、航空培训、酒店餐饮、会展服务
武汉临空经济区	武汉	航空运输、物流、飞机维修保养、食品饮料、烟草、建材及物流、旅游、商贸会展
双流临空经济区	成都	印务、动漫、通信、传媒、咨询、会计、法律、会展、电子商务
禄口临空经济区	南京	电子商务、食药产业、物流、机械电子、空港配套服务业、临空型制造业、会展业、航空运输
重庆空港新城	重庆	现代商业、信息技术、高端商务商贸、现代服务
西咸新区空港新城	西安	航空运输、航空物流、半导体（LED）、高新技术、高端服务、国际文化交流、临空科技产业

　　资料来源：根据中国临空经济网、各临空经济区官网资料整理。

附录二

排名	机场	旅客吞吐量（万人）	
		2012 年	比上年增长（%）
1	美国亚特兰大机场	9003.9	0.7
2	美国芝加哥机场	6935.4	- 9.0
3	英国伦敦希思罗机场	6705.6	- 1.5
4	日本东京羽田机场	6673.6	0.0
5	法国巴黎戴高乐机场	6085.5	1.6
6	美国洛杉矶机场	5962.8	- 4.6
7	美国达拉斯沃斯堡机场	5707.6	- 4.6
8	中国北京首都机场	5575.7	4.1
9	德国法兰克福机场	5346.7	- 1.3
10	美国丹佛机场	5124.5	2.7
11	西班牙马德里机场	5082.3	- 2.4
12	中国香港国际机场	4789.2	1.8
13	美国纽约肯尼迪机场	4779.9	0，2
14	荷兰阿姆斯特丹机场	4743.0	- 0.8
15	美国拉斯维加斯机场	4407.5	- 7.7
16	美国休斯敦机场	4170.2	- 3.0
17	美国凤凰城机场	3989.1	- 5.4
18	泰国曼谷机场	3860.4	- 6.3
19	新加坡樟宜机场	3769.5	2.7
20	阿联酋迪拜机场	3744.1	9.0

附表 2—2　　民航运输的航线覆盖性与参展商国别范围回归分析

回归统计	
Multiple	0.79664
R Square	0.63464
Adjusted	0.882397
标准误差	1.142087
观测值	15

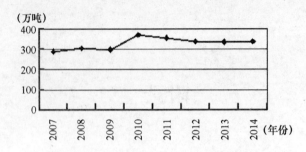

图 1   民航运输的便捷性与参展观众数量回归的散点图

附表 2—3   民航运输的便捷性与参展观众数量回归分析

回归统计	
Multiple	0.9909
R Square	0.9821
Adjusted	0.9576
标准误差	111.8907
观测值	42

附表 2—4   民航运输安全性与参展观众数量回归分析

回归统计	
Multiple	0.80316
R Square	0.64507
Adjusted	0.71494
标准误差	119.7603
观测值	15

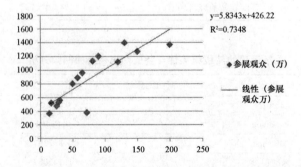

图 2   民航运输的航线覆盖性与参展观众国别范围回归的散点图

附表 2—5　民航运输的航线覆盖性与参展观众国别范围的回归统计

回归统计	
Multiple	0.9453
R　Square	0.89359
Adjusted	0.82217
标准误差	316.2604
观测值	15

附表 2—6　　　　民航运输的运载量与展会数量的回归统计

回归统计	
Multiple	0.9915
R　Square	0.9831
Adjusted	0.89216
标准误差	16.0387
观测值	12

附表 2—7　　　　运载量与会展城市知名度的回归分析

回归统计	
Multiple	0.884259
R　Square	0.781915
Adjusted	0.766337
标准误差	2.126
观测值	16

附表 2—8　　　　航线覆盖性与会展场馆选址的回归分析

回归统计	
Multiple	0.9177
R　Square	0.8422
Adjusted	0.7653
标准误差	5.7938
观测值	14

附表 2—9　　　　　民航运输运载量与会展场馆规模的回归分析

回归统计	
Multiple	0.989
R　Square	0.891
Adjusted	0.9445
标准误差	1.96

附表 2—10　　　2013 年展会活动数量在全国前十的省份（自治区、直辖市）

省份	2013 年办展数量（场）	2013 年办展面积（万平方米）	办展数量占比	办展面积占比	平均办展面积（万平米）
上海市	798	1201	11%	13%	1.51
江苏省	770	813	11%	9%	1.06
广东省	702	1339	10%	14%	1.91
重庆市	581	500	8%	5%	0.86
辽宁省	527	463	7%	5%	0.88
山东省	504	861	7%	9%	1.71
浙江省	501	594	7%	6%	1.19
北京市	418	552	6%	6%	1.32
河北省	273	256	4%	3%	0.94
河南省	252	253	3%	3%	1.00

资料来源：摘自《中国会展行业发展报告（2013）》。

参考文献

［1］曹允春：《临空经济——速度经济时代的增长空间》，北京经济科学出版社 2009 年第 10 版。

［2］金辉：《会展概论》，上海人民出版社 2004 年第 3 版。

［3］施昌奎：《会展经济运营管理模式》，中国经济出版社 2006 年。

［4］曾武佳：《现代会展与区域经济发展》，四川大学出版社 2008 年第 7 版。

［5］白杨敏、曹允春、王婷婷：《我国临空经济产业结构调整模式研究》，《学术交流》2013 年第 11 期。

［6］曹允春：《新经济地理学视角下的临空经济形成分析》，《经济问题探索》2009 年第 2 期。

［7］曹允春，沈丹阳：《以空港为核心构建航空大都市的关键要素研究》，《港口经济》2013 年第 1 期。

［8］曹允春：《临空经济发展的关键要素、模式及演进机制分析》，《城市观察》2013 年第 2 期。

［9］曹允春、席艳荣.：《临空经济发展的国际经验及对我国的借鉴》，《商场现代化》2009 年第 1 期。

［10］曹允春：《"郑州模式"开启区域经济发展新思路》，《中国民航报》2013 年 4 月 16 日第 1 版。

［11］陈锋仪：《2007 年以来中国国内会展研究综述》，《西安邮电学院学报》2011 年第 16 期。

［12］陈锋仪：《陕西会展企业应着力调整人力资源结构》，《中国贸易报》2009 年 12 月 8 日。

［13］程程.：《临空经济区——国内外文献综述》，《河北省社会主义学院学报》2012 年第 7 期。

［14］程红、陆红艳：《从国际会展业发展动态看我国会展业发展方向》，《中国流通经济》2013 年第 3 期。

［15］方忠：《国内外会展经济理论现状与展望》，《宁波大学学报》2009 年第 22 期。

［16］傅婕芳：《浅谈会展经济与航空业发展》，《中小企业管理与科技》2007 年第 4 期。

［17］方明、袁堃：《临空经济区可持续发展能力评价实证研究》，《理论月刊》2010 年第 7 期。

［18］葛春景、郝珍珍：《临空经济区产业集聚模式及发展路径研究》，《对外经贸》2013 年第 10 期。

［19］和伟：《郑州航空港临空经济发展的 SWOT 分析与启示》，《郑州师范教育》2013 年第 11 期。

［20］荆畅：《论经济全球化对中国会展经济发展战略的影响》，《中国科技信息》2005 年第 15 期。

［21］刘鲁、杨永赤：《成都会展经济代表人物邓鸿称成都已具备打造会展之都的条件》，《成都日报》2003 年 11 月 3 日。

［22］林蔓：《湖南会展业与产业基础的互动关系分析》，《湖南商学院学报》2007 年第 5 期。

［23］李旭、马耀峰：《国外会展旅游研究综述》，《旅游学刊》2008 年第 23 期。

［24］李晓宇：《经济全球化背景下中国会展营销创新研究》，《北方经贸》2008 年第 7 期。

［25］刘武君：《国外机场地区综合开发研究》，《国外城市规划》1998 年第 1 期。

［26］刘雪妮：《临空经济对区域经济的影响研究——以首都机场临空经济为》，《经济经纬》2009 年第 3 期。

［27］欧阳宇飞：《会展模式的比较：基于资源配置效率的视角》，《商场现代化》2009 年第 6 期。

［28］欧阳杰：《关于我国航空城建设的若干思考》，《民航经济与技术》1999 年第 3 期。

［29］施蕾生：《国际临空经济（产业）园区发展模式比较》，《房地产开发》2010 第 7 期。

［30］仝新顺、郑秀峰.：《郑州航空港经济综合实验区临空经济发展研究》，《区域经济评论》2013 年第 1 期。

［31］吴建华：《论会展理论教育与会展实践教育的关系》，《旅游科学》2008 年第 22 期。

［32］王剑、张凤岩：《临空经济——黑龙江省资源型城市经济转型的新路径》，《商业经济》2013 第 7 期。

［33］王剑、张凤岩：《国内外临空经济发展对黑龙江省资源型城市的启示与对策》，《经济研究导刊》2013 年第 21 期。

［34］王云龙.：《关于会展经济空间运动形式的分析——以北京、上海与广州三地为例》，《人文地理》2005 年第 4 期。

［35］徐林、乔向红：《会展英语专业人才培养模式改革探讨》，《科教文汇》2009 年第 9 期。

［36］杨励、聂娜：《中国会展经济理论综述》，《经济研究导刊》2009 年第 9 期。

［37］叶莉：《湖南会展业与产业基础的互动关系研究》，《湖南商学院学报》2007 年第 5 期。

［38］杨友孝、程程：《临空经济发展阶段划分与政府职能探讨——以国际成功空港为例》，《国际经贸探索》2008 年第 10 期。

［39］周少华：《临空经济的主要发展模式》，《经济地理》2009 年第 11 期。

［40］赵冰、曹允春：《基于产业转移的临空产业选择研究》，《商业研究》2013 第 2 期。

［41］张凤岩、范永康：《大庆发展临空经济的 SWOT 分析》，《未来与发展》2010 年第 11 期。

［42］张占仓：《建设郑州国际航空港的历史趋势与战略方向》，《区域经济评论》2013 年第 3 期。

［43］张占仓、蔡建霞：《郑州航空港经济综合实验区建设与发展研究》，《郑州大学学报》（哲学社会科学版）2013 年第 7 期。

［44］张占仓、孟繁华、杨迅周、李明、陈峡忠：《郑州航空港经济综合实验区建设与发展研究综述》，《河南科学》2013 年第 7 期。

［45］曹江涛：《临空经济区与区域经济发展的互动关系研究》，硕士学位论文，南京航空航天大学，2007 年。

[46] 付桦:《长江三角洲会展业格局研究》,硕士学位论文,华东师范大学,2006 年。

[47] 刘雪妮:《我国临空经济的发展机理及其经济影响研究》,硕士学位论文,南京航空航天大学,2008 年。

[48] H. McKinleyConway, *The Airport City*: *Development Concepts for the 21st Century*, Conway Publications: 2000. 10.

[49] J D Kassarad, "*Aerotropolis Airport – Driven Urban Development*", ULI on the Future: Cities in the 21st Century: 2000: 32 –41.

[50] BraunbM, "*The economic contribution of conventions: the case of Orlando, Florida*", Journal of Travel Research: 1992, 30 (3): 32 –37.

[51] Boggs P, Wall G, "*The Economic Impact of Canada's Wonderland on Toronto*", Recreation Research Review: 1985, 11 (2): 35 –43.

[52] Cavanaugh S, "*Setting Objectives and Evaluating the Effectiveness of Trade Show Exhibits*" Journal of Marketing: 1976, 40 (10): 100 –103. :

[53] Crouch G, J louviere. "*The determinants of convention site selection: a logistic choice model from experimental data*" Journal of Travel Research: 2004, 43 (2): 118 –130

[54] David Gillen, Ashish Lall, "*. Developing Measures of Airport Productivity and Performance: An Application of Data Envelopment Analysis*", Transport Research: 1997 (33): 261 –273.

[55] GitelsonR, Guadagnolo F, "*MooreR. Economic Impact Analysis of a Community – sponsored Ten Kilometer Road Race*", Journal of Park and Recreation Administration: 1988 (3): 79 –89.

[56] Gursoy D, Kim K, Uysal M, "*Perceived Impacts of Festivals and Special Events by Organizers: An Extension and Validation*", Tourism Management: 2004 (25): 171 –181.

[57] John Bowen, "*Airline Hubs in Southeast Asia: National Economic Development and Nodal Accessibility*", Journal of Transport Geography: 2000 (8): 25 –41.

[58] Joseph Sarkis, "*An Analysis of the Operational Efficiency of Major Airports in the United States*", Journal of Operations Management: 2000 (18): 335 –351.

[59] JD Kassarad, *"An Industrial /Aviation Complex for the Future"*, Urban Land: 1991 (91): 16 – 20.

[60] J D Kassarad, *"Shopping in the Airport City and Aerotropolis: New Retail Destinations in the Aviation Century"*, Research Review: 2008, 15 (2): 50 – 56.

[61] J D Kassarad, *"Airport Cities: the Evolution"*, Airport World, 2013 (3/4): 24 – 27.

[62] J D Kassarad, "Aerotropolis: Landing in the Heart of 21st Century Urban Planning", Business Facilities: 2012 (1/2): 54 – 64.

[63] JDKassarad, *"TheAerotropolisandGlobalompetitiveness"*, Diplomatic Courier: 2011 (12): 17 – 18.

[64] J D Kassarad, *"Aerotropolis: Business Mobility and Urban Competitiveness in the 21st Century"*, March, 2013, http: //www. aerotropolis. com/files/cultures_ of_ mobility_ book. pdf.

[65] J D Kassarad, *"The Rise of the Aerotropolis"*, Business Facilities: 2010 (9): 10 – 19.

[66] Massoud Bazargan, Bijan Vasigh, *"Size Versus Efficiency: A Case Study of Us Commercial Airports"*, Journal of Air Transport Management: 2003 (9): 187 – 193.

[67] M D Lrwin, J D Kassarad., *"Air Passenger Linkages and Employment Growth in US Metropolitan Areas"*, American Sociological Review : 1991 , 56 (8): 524 – 537.

[68] OppermannM, *"Convention destination images: analysis of association meeting planners perception"*, Tourism Management: 1996, 17 (3): 175 – 182.

[69] PaulA, Hanly. *"Measuring the Economic Contribution of the International Association Conference Market: An Irish Case Study"*, Tourism Management: 2012, 33 (4): 1574 – 1582.

[70] Pateli, George M, Giaglis and DiomidisD Spinellis, *"Trial Evaluation of Wireless Info – communication and Indoor Location – Based Services in Exhibition Shows"*, Journal of Marketing: 2005.

[71] Porter M. E. "Clusters and New Economics of Competition", Harvard

Business Review, 1998 (12): 77 –79.

[72] S J Appold, J D Kasarda, "*The Change in Reign: As Hong Kong International Becomes the World' s Top Air Cargo Airport Challenges Lie Ahead*", Global Airport Cities : 2011 (1): 24 –26.

[73] William A. Testa, "*Job Flight and the Airline Industry: The Economic of Airports on Chicago and Other Metro Areas*", Federal Reserve Bank of Chicago, 1992 (2).

[74] Yardley J K, MacDonald J H, Clark B D, "*The Economic Impact of a Small, Short – term Recreation Event on a Local Community*", Journal of Park and Recreation Administration: 1990, 4: 71 –82.